"通古察今"系列丛书编辑委员会

顾　问　刘家和　瞿林东　郑师渠　晁福林
主　任　杨共乐
副主任　李　帆
委　员（按姓氏拼音排序）
　　　　　安　然　陈　涛　董立河　杜水生　郭家宏
　　　　　侯树栋　黄国辉　姜海军　李　渊　刘林海
　　　　　罗新慧　毛瑞方　宁　欣　庞冠群　吴　琼
　　　　　张　皓　张建华　张　升　张　越　赵　贞
　　　　　郑　林　周文玖

「通古察今」系列丛书

中国古人的历史教育
——以孔子、老子与《春秋事语》为核心的考察

李凯 著

河南人民出版社

图书在版编目(CIP)数据

中国古人的历史教育：以孔子、老子与《春秋事语》为核心的考察 / 李凯著. — 郑州：河南人民出版社，2019.12(2024.5 重印)

("通古察今"系列丛书)

ISBN 978-7-215-12012-9

Ⅰ. ①中… Ⅱ. ①李… Ⅲ. ①历史教学-教育史-研究-中国-古代 Ⅳ. ①K-4

中国版本图书馆 CIP 数据核字(2019)第 271361 号

河南人民出版社 出版发行

(地址：郑州市郑东新区祥盛街 27 号 邮政编码：450016 电话：0371-65788077)

新华书店经销　　　　　　　永清县晔盛亚胶印有限公司印刷

开本　787 毫米×1092 毫米　　　1/32　　　印张　4.375

字数　61 千字

2019 年 12 月第 1 版　　　　　　　2024 年 5 月第 2 次印刷

定价：48.00 元

序 言

在北京师范大学的百余年发展历程中,历史学科始终占有重要地位。经过几代人的不懈努力,今天的北京师范大学历史学院业已成为史学研究的重要基地,是国家首批博士学位一级学科授予权单位,拥有国家重点学科、博士后流动站、教育部人文社会科学重点研究基地等一系列学术平台,综合实力居全国高校历史学科前列。目前被列入国家一流大学一流学科建设行列,正在向世界一流学科迈进。在教学方面,历史学院的课程改革、教材编纂、教书育人,都取得了显著的成绩,曾荣获国家教学改革成果一等奖。在科学研究方面,同样取得了令人瞩目的成就,在出版了由白寿彝教授任总主编、被学术界誉为"20世纪中国史学的压轴之作"的多卷本《中国通史》后,一批底蕴深厚、质量高超的学术论著相继问世,如八卷本《中国文化发展史》、二十卷本"中国古代社会和政治研究丛书"、三卷本《清代理学史》、五卷本《历史文化认同与中国统一多民族国家》、二十三卷本《陈垣全集》,

以及《历史视野下的中华民族精神》《中西古代历史、史学与理论比较研究》《上博简〈诗论〉研究》等,这些著作皆声誉卓著,在学界产生较大影响,得到同行普遍好评。

除上述著作外,历史学院的教师们潜心学术,以探索精神攻关,又陆续取得了众多具有原创性的成果,在历史学各分支学科的研究上连创佳绩,始终处在学科前沿。为了集中展示历史学院的这些探索性成果,我们组织编写了这套"通古察今"系列丛书。丛书所收著作多以问题为导向,集中解决古今中外历史上值得关注的重要学术问题,篇幅虽小,然问题意识明显,学术视野尤为开阔。希冀它的出版,在促进北京师范大学历史学科更好发展的同时,为学术界乃至全社会贡献一批真正立得住的学术佳作。

当然,作为探索性的系列丛书,不成熟乃至疏漏之处在所难免,还望学界同人不吝赐教。

北京师范大学历史学院
北京师范大学史学理论与史学史研究中心
北京师范大学"通古察今"系列丛书编辑委员会
2019年1月

目 录

前 言 \ 1

一、孔子与历史教育 \ 5

（一）总结夏商周三代的发展趋势 \ 6

（二）"述而不作"的教学态度 \ 23

（三）评论政治人物的功过是非 \ 29

（四）以《春秋》教人 \ 38

二、老子与历史教育 \ 43

（一）"小国寡民"的历史经验 \ 51

（二）"受国之垢"的训诲 \ 57

（三）"善为士者"的倡导 \ 62

（四）"道"与"德"的思辨 \ 67

（五）"礼"的批评 \ 73

三、《春秋事语》与历史教育 \ 83

（一）《春秋事语》应是《左传》之前贵族教育的文献 \ 85

（二）《春秋事语》应属于对贵族进行教育的"简"书 \ 94

（三）《春秋事语》的形成过程 \ 101

（四）《春秋事语》与先秦史官制度 \ 112

参考文献 \ 126

前言

历史教育是一个古老而又崭新的话题。近代尤其是二十世纪后半叶以来，西方教育学理论不断影响中国，学者们以及广大一线教师试图结合西方理论与中国教育实践探寻一条科学的教书育人路径，历史学科也不例外，于是历史教育学应运而生，并在相当环节发挥着作用。但我们也应该看到，中国古代的历史教育非但不是空白，反而积累了大量行之有效的经验，具备自己的话语体系。这些内容较之洋理论而言，更悠久，更接地气，更符合中国的国情。它们经历中国人千百年的实践检验，而且不矫揉造作，能够潜移默化地发挥教化作用。以孔子为代表的古代思想家既发挥了历史的教育作用，又形成了踏实认真不务空疏的良好学风。开创清代考据之风的顾炎武说"孔子删述六经，即伊尹、太公救民水火之心，故曰：'载诸空言，不如见诸行事。'愚不揣，有见于此，凡文之不关于六经之指、当时之务者，一切不为"（《亭林文集·与人书三》），就与孔子的历史教育有着密切的联系。

中国文化在先秦时期就已经奠基，历史教育的实践在该时期就很丰富。这些内容重实践，轻空谈，重现实经验，轻浮夸玄想，代表了上古时代学者的深刻思考，具有鲜明的中国特色。首先是把前代的学术思想（礼乐文明囊括其中）当作历史教育的内容。这些内容在上古时代属于贵族的王官之学，不仅博大精深，具备缜密的学术体系，而且贵族形成了传授知识的经验技能，这在后代礼书中予以总结。孔子作为殷商之后，对周代礼乐文明谙熟于心，他就把历史当作教人的重要途径。他由衷膜拜周代的文化，感慨"周监于二代，郁郁乎文哉！吾从周"（《论语·八佾》）；在意识到前代学术的重大意义的同时，以礼乐文明的传播者自居，"文王既没，文不在兹乎？"（《论语·子罕》），拥有极强的历史使命感，以正名复礼为矢志不渝的理想。老子作为成周的守藏室之史，职掌周代文化典籍，在遍览兴衰成败的历史规律，尤其是经历成周的变乱之后,对现实政治失去信心,出关留下《道德经》五千言,其中劝世箴言应当看作前代历史经验的总结。其次是古代学者经历了仔细的甄别遴选。不用说春秋时期无典型的私人著作,就是战国诸子,也都和王官之学有着千丝万缕的联系。以孔子为代表的学者提倡"述而不作,信而好古"(《论语·述而》),对前代优秀的传统文化进行继承与发展,在教育的过程中扬弃自我、沉淀经验,形成了确凿有据且经世致用的历史教育风格。以《春秋事语》为代表的出土文献,为我们认识《春秋》经传的相关问题带来帮助的同时,展现出先秦史官搜集史料、遴选编纂著作的许多细节,而这些内容为《左传》所采纳,对贵族行为起到了很好的规箴作用。再次,古人在历史教育的呈现方式上,采取了多样化的处理。《礼记·学记》中"君子曰:'大德不官,大道不器,大信不约,大时不齐。察于此四者,可以有志于本矣。三王之祭川也,皆先河而后海。或源也,或委也,此之谓务本。'"所谓"大德""大道""大信""大时""河""源"都可以理解为礼乐文明,而为了突出礼乐文明,应采取"皆先河而后海"的科学态度,也就是具体的教育呈现方式服务于礼乐文明的传播，而不应反其道而行之，否则就是异化。《论语》《道德经》以及《春秋事语》中呈现历史经验的方式不一而足，或讲述历史经验，或品评历史人物，或对比历史现象，或总结历史规律，或展开情境讨论。这样丰富的方式启迪后世人们的思考，放在今天也行之有效。

历史教育也是当代中国教育的一项重要任务。"历史是一面镜子，鉴古知今，学史明智。重视历史、研究历史、借鉴历史是中华民族5000多年文明史的一个优良传统。"（习近平，《致中国社会科学院中国历史研究院成立的贺信》）今天加快构建中国特色历史学学科体系、学术体系、话语体系的同时，如何发挥中国历史的教育功能，是应该思考的重要课题。古人的经验智慧，能为今天带来一把钥匙，至少是能指明思考问题的方向。

一、孔子与历史教育

孔子作为中国古代最有影响力的文化巨人,对历史教育予以高度的重视。从相当意义上说,孔子对历史演进的态度,影响了他的伦理道德思想与政治思想的高度与广度。司马迁称引孔子的话说:"我欲载之空言,不如见之于行事之深切著明也。"这就意味着,做思想家取决于其具备的历史文献的功力。历史经验的正确获得与积累,成为他哲学思想的最重要支撑,也是发挥其教育功能的关键环节。这一部分,我们讨论的是,孔子对哪些具体的历史经验产生兴趣,与此同时又用怎样的手段推行了他的历史教育活动,从而对他的历史教育思想有所裨补。

(一)总结夏商周三代的发展趋势

众所周知,孔子的思想体系相当庞大,如子贡所说"譬之宫墙,赐之墙也及肩,窥见室家之好;夫子之墙数仞,不得其门而入,不见宗庙之美,百官之富"(《论语·子张》)。这句话说明,孔子掌握了大量的典章制度,对历史与现实问题思考透彻,形成了博大精深的思想体系。和众多大思想家一样,孔子绝不割裂历史与现实之间的联系,虽然历史事件早已成为过往,但历史事件的影响却会长久存在。于是现实中人势必要懂得历史发展的脉络,温故而知新,彰往而知来,把事件定位在历史长河中才可能得到清晰的认识。所以探索夏商周三代的发展轨迹,就成为孔子理解现实问题、诠释周代文化制度合理性并寄托未来政治蓝图的重要途径,是教化人心的重要手段。

其一,孔子试图网罗大量的历史信息,通过梳理考订文献,裨补缺漏,以建构夏商周三代历史发展的脉络。这与今天历史学研究的思路很类似。夏代建立距离孔子一千五百多年,商代建立距离孔子一千多年,

一、孔子与历史教育

西周建立距离孔子五百多年,这是孔子时代人们眼中的古代史和近现代史,这些内容说远不远,说近不近,但许多问题能通过人们的研究弄清楚。孔子在学术研究的过程中,感到掌握古代资料并不是一件容易的事,《论语·八佾》中孔子说:

> 夏礼吾能言之,杞不足征也,殷礼吾能言之,宋不足征也。文献不足故也。足则吾能征之矣。

他对夏礼和殷礼是了解的,而且能够讲得头头是道,但作为夏商遗民的杞国和宋国,缺乏当代可证实的材料,这样的材料就是"文献"。朱熹《四书章句集注》认为"文,典籍也;献,贤也。""文"指典籍文字,"献"指贤达的所见所闻,一是文献记载,一是口头介绍。这样的解释是可信的,一方面周代典籍文字数量庞大,另一方面古代社会发展速度较慢,人们主张"兴灭国,继绝世",更有大量懂得先代文明的博闻君子。我们不禁要问,孔子为什么能言夏商二代之礼,反而杞国和宋国文献不足?孔子这么说的目的何在?

周代文化洋洋大观,吸吮了夏商二代的精华,建构出网罗宏富的王官之学。虽然这些内容今天都看不到，但我们可以借助后人的推测略知一二。这些内容，不仅有周人自己的文化创制，也有夏商两代制度文化的文字记载以及先代贤达的口头描述。《尚书·多士》中周公对殷民说："惟尔知，惟殷先人有册有典，殷革夏命。今尔又曰：'夏迪简在王庭，有服在百僚。'"说明周人不仅继承了商代的典籍文字而且非常谙熟。鲁国为周公之国，受宗法封建的影响甚深，制度上享有与周王室一样的待遇，《汉书·艺文志》说鲁国"礼文备物，史官有法，故与左丘明观其史记，据行事，仍人道，因兴以立功，就败以成罚，假日月以定历数，藉朝聘以正礼乐"。姑且不论孔子与左丘明的关系，说鲁国保存了与周王室相当的典籍文献，而且有一大批懂得典章制度的贵族，应当不过分。这样的社会环境为其他诸侯国所不及，自然影响到孔子的知识结构。今天看，之所以孔子和王官之学的《六经》发生密切的联系，鲁国具备独特的文化资源当是其中最重要的原因。虽然在春秋时代霸权迭兴，周王室已经出现衰象，但周王室文化制度的渗透力依然强盛，鲁国就是人们了解周代礼乐文明的一个典型窗口。《左传》昭公

一、孔子与历史教育

二年载,晋侯使韩宣子来聘鲁,韩宣子"观书于大史氏,见《易》《象》与《鲁春秋》",情不自禁感叹说:"周礼尽在鲁矣,吾乃今知周公之德,与周之所以王也。"这样的评价应当是中肯客观的,说明在诸侯眼中鲁国政治文化大国的地位不可撼动。孔子说能言夏商二代之礼,主要是来自鲁国的文化遗存,以及鲁国一大批能言前言往行的君子。如臧文仲、柳下惠、左丘明等等,这些人物都在《论语》中出现,说明他们的言论受到孔子的重视。和文化制度洋洋大观的鲁国相比,杞国、宋国这些前朝遗民就相形见绌了。虽然他们依旧以夏商正统自居,但两国实力羸弱、政局混乱。"天之弃商久矣,君将兴之,弗可赦也已"(《左传》僖公二十二年),不仅说明宋部族的政治文化的盛世已经是明日黄花,而且春秋宋人自己也认为宋人为上天所丢弃,挽救无望;《史记·陈杞世家》中杞国数百年历史只留下流水账式的世系,社会变迁阙如。更重要的是,夏商周三代表现出不同的社会风貌:夏代社会情况浩渺难知,商代重鬼尚神,人的力量已经被边缘化,和重德保民的周代社会风貌完全不同。这些现象从一个侧面说明东周以后杞国和宋国文献"不足征"的问题。孔子针对这一话题,对弟子说"足则吾能征之矣",说明孔子在进行一项卓绝的文献整理工作:把鲁国或者周王室的典籍档案和地方诸侯国的资料进行勘对,构建周人需要的典章制度体系。孔子不仅是思想家,更是历史学家,他通过扎实的梳理和考订,试图给弟子们呈现一个贯通古今的庞大的历史知识体系,从而推进弟子对社会的理解。

其二,在变动中寻求夏商周历史演进的规律,总结三代文化制度的得失经验。孔子曾经和子张讨论过三代损益的著名话题。《论语·为政》说:

> 子张问:"十世可知也?"子曰:"殷因于夏礼,所损益,可知也;周因于殷礼,所损益,可知也。其或继周者,虽百世,可知也。"

人们往往看重孔子对三代历史文化的损益态度,但这一段文字的语境容易被人忽略:这同样是对弟子解惑,照样渗透因材施教的问题。"柴也愚,参也鲁,师也辟,由也喭"(《论语·先进》),这是孔子开诚布公的评价。子张即颛孙师,孔子说他"辟",有不同的解说。一说,"辟"为"偏辟"之"辟",怪也,即子张为人处世有偏激色彩;另说"辟"为"便辟""邪僻"之"辟",朱熹认为"辟""谓习于容止,少诚实也","谓习于威仪而不直",指的是场面上善于逢迎而内心不诚实。从人品上看,前者为佳,因为孔子不大可能把一个表里不一的弟子看作自己的心腹。从履历上看,子张虽学干禄但未尝成功,孔子以"多闻阙疑,慎言其余,则寡尤;多见阙殆,慎行其余,则寡悔;言寡尤,行寡悔,禄在其中矣"(《论语·为政》)教诲之,说明子张少"闻阙疑""见阙殆",亦且言行不能顾及其"余"。子张与曾子等人不睦,孔子死后被去鲁,独立招收门徒,开创"子张氏之儒",为儒家八派之首。这些迹象也说明子张性格中有乖戾古怪的一面。子张问孔子"十世"(谓十代,一世为三十年,十世为三百年)是否可知,意味着子张在很大程度上对未来不确定,对社会规律持捉摸不定的态度,或者说未能把握历史规律与现实乃至未来问题之间的联系,此应也系其性格之"辟"。孔子因材施教,故此在子张问老师未来是否可知的问题的场合中,孔子故意往三代历史损益的大话题上引导,旨在开导其思路,打消其思维中的历史不可知论,弥补其性格中"辟"的短板。这里,我们势必要考虑到这样的背景:孔子对子张所说的三代历史损益,只不过是孔子历史思维的一个维度,其对子张进行历史教育的色彩是很明显的。这样因材施教的言论在孔门弟子中并不少见。

有学者借此说明,孔子历史观是存在局限性的,他只认识到社会发展中的量的增减和部分质变,而没有看到社会发展过程中还有整体性的质的突变现象,从而批评孔子历史视野的狭隘。窃以为这样的看法可以商榷,孔子在这里强调的只是历史现象之间有因循损益的关系,即便是历史发展的突变时期(比如春秋战国和1840年以后的中国社会),也不能否认历史现象直接的因循损益,因为任何事件都不可能是空穴来风、无根之木;况且孔子是因人施教,并不能借此认定孔子不承认历史质变。

这里的因循损益关系,孔子总结夏商周三代历史而立论,这就是他所见到的文化制度的最主要的创制时期。孔子旨在强调夏商周三代之间的传承关系。从历史发展线索来看,三代表面上并无大起大落的突变,实际上暗流汹涌,存在很多差别。《论语·卫灵公》中颜渊问老师为邦之道，子曰："行夏之时，乘殷之辂，服周之冕，乐则韶舞"，夏商周三代乃至虞代（韶乐为尧舜禅让之乐）有着不同的时代特征，孔子才能取我所需，以夏之历法、殷之车辇、周之冠冕以及虞舜之韶乐为邦国政治建设的重要组成部分。王国维先生曾经说"中国政治与文化之变革，莫剧于殷周之际"（《殷周制度论》)，这样的认识虽未出自孔子之口，但孔子已经很明确地看到了殷周制度文化的巨大变化。尤其是身为殷人之后但出生且生活在鲁国的孔子，不仅目睹了鲁国的名物制度与典籍文献，而且对周公旦无比膜拜，对文献中"制礼作乐"的盛世深切向往。《论语·述而》中孔子感慨"甚矣吾衰也，久矣吾不复梦见周公"，这表明在相当的时间段内，孔子都把对周代文化制度建设做出了卓越贡献的周公旦当作其精神领袖。虽然"惟殷先人有册有典"（《尚书·多士》），但周人不仅学习、继承殷人的传统，并且扬弃殷人传统的不足，建立了规模宏大的礼乐文化；王国维先生《殷周制度论》主张，"欲观周之所以定天下，必自其制度始矣。周人制度之大异于商者，一曰'立子立嫡'之制，由是而生宗法及丧服之制，并由是而有封建子弟之制，君天子臣诸侯之制；二曰庙数之制；三曰同姓不婚之制。此数者，皆周之所以纲纪天下。其旨则在纳上下于道德，而合天子、诸侯、卿、大夫、士、庶民以成一道德之团体。周公制作之本意，实在于此，此非穿凿附会之言也。"姑且不论殷周之际的制度变革程度如何，毕竟周人文献中周公旦制礼作乐的记载言之凿凿，而西周中叶以后的考古发现也表明周人建立起一整套政治体制，周代礼书诸如《仪礼》等诸多记载又和东周以后的实际情况相吻合。应当说，孔子对这些内容是非常熟悉的，按照典籍的说法把它上溯到周初的周公旦，也不能说是虚妄之论。孔子所处的春秋时代是新旧文化错综的时间段，与战国相比，无疑春秋时期旧文化多而新文化少，战国则反之。当时虽然铁器牛耕已经出现，井田制度日渐解体，中央集权、统一税收、改革土地制度等新的政治建设方兴未艾，春秋以前的社会秩序蕴藏着危机乃至带来冲击，但战国时期的恃强凌弱、以众暴寡、除旧布新、摧枯拉朽的改革运动尚未大规模展开。在这样的社会存在之下，孔子从历史发展的角度总结三代因循损益关系，自然是情理之中的工作。难能可贵的是，孔子看到了社会退化与社会进化两个方向的运动。《礼记·礼运》中他不仅认为上古时代由"天下为公"的大同世界，逐渐过渡到"三代之英"的"小康"阶段，甚至走到了东周近世的混乱状态（这就是不少人概括的退化史观），而且他还认可夏商周三代制度之间有因循损益的关系；明显孔子认可了历史现象存在进化关系的历史观。他正是看到了社会发展的多样性，即存在社会秩序与人性的大滑坡的同时，也存在文化制度建设的因循损益式的线性进化发展。[1] 应当说，思想家们固然有观点的分歧，但针对社会复杂性而言，许多学者都是认可的。比如《韩非子·五蠹》中，韩非子推崇厚今薄古，认为"今有构木钻燧于夏后氏之世者，必为鲧、禹笑矣；有决渎于殷、周之世者，必为汤、武笑矣"，但韩非子对历史阶段所做的划分，同样认可"上古竞于道德，中世逐于智谋，当今争于气力"。也就是说法家

---

[1] 孔子一生颠沛流离，追寻救世的策略，试图力挽狂澜，恢复尧舜禹汤文武周公时期"有道"的社会秩序。他坦言"朝闻道，夕死可矣"（《论语·里仁》)，并且"发愤忘食，乐以忘忧，不知老之将至"（《论语·述而》)。如果是孔子只看到历史退化的一面，就意味着无论人们如何努力，社会的滑坡成为不可挽救的宿命，那么孔子终生所追求的救世之"道"，就没有多大的社会作用了。

虽然提倡因时制宜，主张应于不同时代而取适宜的制度和政策，但韩非子也看到了道德人心、社会秩序在经济条件日益发达的近世，也日益败坏。这样的认识，和孔子多角度的历史观是有共同之处的。

十世、百世也就是三百年乃至三千年后的社会状貌，孔子是怎样知道的呢？这恐怕不应当说是他的主观臆断或夸大。孔子坚持"知之为知之，不知为不知，是知也"，这不仅是孔子学术研究的原则，也是他教诲弟子的治学态度。他说百世以后可知，只因为孔子看到了各个时代的共性以及社会发展的客观规律，并且把历史现象、现实社会与未来世界联系在了一起。具体来说，任何时代都要遵循因循损益的辩证法，正如吕思勉先生在《先秦学术概论》中评析王官之学与诸子之学关系时指出："凡事必合因缘二者而成。……先秦诸子之学，当以前此之宗教及哲学思想为其因，东周以后之社会情势为其缘。"[1] 不难发现，吕先生的"因"就是孔子所说的"因"，即因循；吕先生所说的"缘"，是基于东周社会的发展态势所进行的调整，相

---

[1] 吕思勉：《先秦学术概论》，岳麓书社，2010年，第5页。

当于孔子说的损益。要之,后代势必要对前代进行批判继承,如吕先生针对胡适《诸子不出王官论》说:"殊不知先秦诸子之学,极为精深,果其起自东周,数百年间,何能发达到此?且诸子书之思想文义,皆显分古今,决非一时间物,夫固开卷可见也。"这样后代和前代之间,不管有多大变化,总有不能割舍的联系。

孔子具备朴素唯物主义的历史观,试图从变动不居的历史发展的态势中,归纳出社会演进的因循损益原则,这样的做法有着大量的事实基础。比如夏代推行家天下的王位世袭制,并且形成了王畿与众多方国并立的内外"服"制(这是《尚书·酒诰》以及西周早期金文大盂鼎中周人概括商代国家结构的词汇,绳之以夏代,也能讲得通)。随着各部族之间数百年的经济文化交流与融合,商代沿袭了夏代王位世袭法则以及内外"服"制度,这应属于孔子所说的"因";商人崇尚的是神本文化,这是商王朝迥异于历史上其他王朝的不同之处,应属于孔子所说的"益"(由于夏代社会风貌浩渺难知,商人如何"损"夏政的,如今尚难说清)。周代在周公旦时期制礼作乐,推行分封制、宗法制等一系列制度,依旧因循损益:一方面因循了夏商以来的王位世袭制，这是"因"；在此基础上摒弃了兄终弟及，即王位在商族内部非直系家族传承的可能，这是"损"；规定嫡长子继承，形成宗法，这是"益"（商代即便有宗法因素，也只是端倪，颇受人争议）。另一方面摒弃了夏商时期的内外"服"制度，这是"损"（商代即便有分封行为，也没有把亲戚子侄派遣到王朝各地占领要冲地区当诸侯的史实，其分封规模不能和周代同日而语）；广泛推行封建亲戚的分封制，这是"益"。此外，摒弃了商代浓厚的鬼神迷信，这是"损"；推行等级森严、重德保民的礼乐制度，这是"益"。孔子这样的概括，是比较客观的，他启迪弟子在不断变化发展的复杂历史现象中理清线索，其做法与许多西方古代学者不同（西方古代学者主张在变动不居的历史中找不到规律，只有在静态的事物中能找到规律），这对后代的学术与教育产生了深远影响。

　　孔子感叹"周监于二代，郁郁乎文哉"（《论语·八佾》），"文"即是在夏商二代基础上因循损益的制度成果。王国维《殷周制度论》一针见血阐明："由是（周）天子之尊，非复诸侯之长而为诸侯之君"；"诸侯之长"为夏商之王，"诸侯之君"为周王。应该说"诸侯之君"

的地位与"三代"制度的因循损益密不可分。与西方古代学者迥异,他正是从这一立场来看待西周文化的。他以不带偏见的态度和开放的心灵承认西周文化是中国几千年文化积聚发展的总成果,是历史进步的标志,又是新时代文化得以创立、发展的基础,所以说:"继周者,虽百世,可知也",谓周之后的王朝亦以周为基础而有损益。从后代历史发展来看,孔子的预言是很有道理的。即便是短命而亡的采取文化专制的秦代,也从周代王官之学"以吏为师"的措施中吸取了重要的资源。而周代的礼乐文明以及在其基础上产生的儒家思想,对中国两千年文化制度的发展更是有着非常重要的指导意义;自殷商甲骨文以来的汉字系统,历经金文、篆书、隶书、楷行草到现代汉字的发展,形成了中国人的文化基因,成为今天中国人交流文化信息的表达工具;中国四五千年的历史发展,打破了血缘认同的狭隘界限,以文化为认同的标准,这成为中华文化生生不息的重要理据;中国自周秦之后的两千年社会发展,虽然王朝更迭替换,并且古今社会产生了天翻地覆的历史变化,但后代王朝都秉承了三代历史的传统,四五千年的中国文明没有中断,甚至今天国家大力提倡中华优秀传统文化，一系列内容都和夏商周的制度文化基础有着密不可分的联系，这些内容就是历史发展"因"的环节之中最重要的一方面，不能不说孔子"虽百世，可知也"具备相当的合理性。

其三，孔子首肯周代的尚"文"之风，并寻求周人制度建设的合理性。这一过程不仅是孔子与弟子们探索其精神家园的过程，而且带有鲜明的价值观，在历史内容的选择中洋溢着非常浓厚的教化素材。《论语·八佾》中孔子说：

> 周监于二代，郁郁乎文哉，吾从周。

《左传》昭公二年，晋侯使韩宣子聘鲁，曾经观书于大史氏，见到鲁国官方收藏的文献《易》《象》与《鲁春秋》，感叹说："周礼尽在鲁矣，吾乃今知周公之德，与周之所以王也。"这种对周人文化制度无比膜拜的心情，和孔子"郁郁乎文哉，吾从周"的表达是一致的。孔子身为殷商贵族微子之后，超越了部族血缘认同的界限，这显现出周人文化制度的优越性。他用"文"来形容周代社会风貌，而且还是"郁郁乎文"，谓其盛大的态势。《说文》说:"文,错画也,象交文。"是说"文"字的本义是花纹交错的样子,古书中许多部落都有"文(纹)身"的习俗,"文采""文辞""文章"系其引申,后来又指代各种礼乐制度等一系列由人(而不是鬼神)创制的文化品目,大体相当于今天所说的"文化遗产"之类内容。《论语·子罕》中孔子面临危难,从容地说:"文王既没,文不在兹乎?"即以承担周文王之后的一切文化遗产为己任。孔子认为周代"郁郁乎文哉",这一命题只有从历史发展中才能得到正确的解读。《史记·高祖本纪》说:

> 太史公曰:夏之政忠。忠之敝,小人以野,故殷人承之以敬。敬之敝,小人以鬼,故周人承之以文。文之敝,小人以僿,故救僿莫若以忠。三王之道若循环,终而复始。

司马迁对现实的理解、未来的推断从对历史的考察中找到了答案。夏代主旋律是"忠",这可能和上古时期的巫术有关。在人类的早期,巫术孕育了科学;它代表了人们改造自然的能力,对社会秩序的维护也有一定意义,今天不应完全以迷信视之。但毕竟巫术杂糅着荒谬(即司马迁所说的"野"),势必会从历史中退却。商人纠正了夏人的"野",把人们大量的精力乃至生命放置在超自然的神灵世界中,"敬"成为商代的主旋律,他们形成尊神重鬼的殷商文化。但这是人类思维水平尚处于萌芽阶段的产物,是人类尚不能把握自己命运、对自身能力缺乏信心的表现,这种文化造成大量人力物力乃至生命耗费。在虚妄的鬼神世界中,殷商社会内耗严重,埋下商王朝衰落的巨大隐患。一旦时机成熟,人们势必从鬼神世界中走出。尚"文"之风是周代主旋律,周人把商代的鬼神之风边缘化,主张敬德保民,"天道远,人道迩",并且缔造出一系列制度与文化,使得人的力量日益焕发光彩。当春秋战国时期社会质变发生,周人的"文"也产生涤荡,儒家文化从周代礼乐文明中走来,成为中华文化的重要构成。司马迁描述的三代之政,能够在上古历史中寻求到。[1] 就此而言,周人的制度文化的确是借鉴了

---

[1] 赵世超:《巫术的盛衰与西汉文化》,《瓦缶集》,人民出版社,2003年。赵世超先生的观点受弗雷泽的启发。弗雷泽《金枝》曾指出:宗教和巫术的实质区别在于,"统治世界的力量,究竟是有意识的和具有人格的,还是无意识的、不具人格的";"宗教,作为一种对超人

夏商两代的经验，去粗取精，趋利避害，不断扬弃与发展，形成了独特的尚"文"之风。我们不难发现孔子由衷洋溢着对周人制度文化的热情，他在三代文化中最青睐的是周文化，不仅遴选出大量的典章制度与历史片段作为研究的对象与教学的素材，而且基于大量的历史现象进行归纳总结，一针见血地指出了周代的合理性因素。这样的历史教育渗透了价值观，从汉代以后人们对周文化的普遍认可度来看，孔子的教学应当说是成功的尝试。

（二）"述而不作"的教学态度

"述而不作，信而好古，窃比于我老彭"（《论语·述而》）。"老彭"二字到底指谁？是一个叫"老彭"的人，还是"老子"与"彭祖"，或者就是"彭祖"？孔子说

力量的邀宠，所认定的是两个答案中的前者"。"巫术或科学都当然地认为，自然的进程不取决于个别人物的激情或任性，而取决于机械进行的不变的法则。"就此看，中国夏商周三代历史中，的确有巫术文化与宗教文化的区别，可能是夏商两代的差别；而周人的文化从巫鬼世界中走出，树立了崇尚人事的价值观。这与司马迁《史记·高祖本纪》中对夏商周三代社会"忠""敬""文"的概括很相似。

"我老彭",足见关系密切。这里如果是孔子问礼的周守藏室之史老聃李耳,似乎意思更明确:老聃作为史官,整理文献档案是他的本职工作,是为"述而不作";周王室的文献典藏汗牛充栋,史官爬梳整理,以信而有据的历史信息为当世统治者提供参照,是为"信而好古"。孔子把自己的学术研究与教育工作定位于此,就意味着他把历史文献的整理工作、历史资料的遴选与叙述工作,转化为教育行为。"述而不作,信而好古",表面上是历史文献家的任务,但实际上是现实社会所需。他既然认可前后更迭的历史现象之间有斟酌损益的关系,那么就意味着孔子能够顺应社会的发展方向而调整自己的思想,其在整理、遴选、叙述过程中一定会针对春秋末叶的现实处境而有所侧重,通过呈现古代文化表现出新的价值观,有"因"的同时也有"缘"。这一做法为后世历史文献家与历史教育工作者所称道。孔子主张的"温故而知新"就有了现实社会的意义:他已经由历史文献家转变为思想家,其树立的价值观念在历史现象的遴选、编排、叙述中渗透。于是他的"述而不作"就是"作",这成为后代历史教育的典型范例。

一、孔子与历史教育

平心而论，《论语》中孔子及其弟子虽然向往古代尧、舜、禹、汤、文、武、周公的治世，但绝非一味复古，而是以恰当的古代经验为当世提供理想蓝图，这就是"述而不作"。当然"述而不作"最重要的表现是，通过古代流传下来的《六经》展开历史教育。《礼记·经解》中借孔子的口吻阐明《六经》的教育作用："温柔敦厚，《诗》教也""疏通知远，《书》教也""广博易良，《乐》教也""洁静精微，《易》教也""恭俭庄敬，《礼》教也"，"属辞比事，《春秋》教也"。《经解》的时代虽晚，但符合情理；《经解》文本中这一番话从孔子口中说出，应当不是无来由的。《庄子·天下》作为先秦学术的总结性论文，做了比较客观的叙述："其明而在数度者，旧法世传之史尚多有之，其在于《诗》《书》《礼》《乐》者，邹鲁之士、搢绅先生多能明之。《诗》以道志，《书》以道事，《礼》以道行，《乐》以道和，《易》以道阴阳，《春秋》以道名分。其数散于天下而设于中国者，百家之学时或称而道之。"从情理上说，《天下》所说由儒家承担起传播《六经》的任务，是可靠的，因为孔子及其弟子是打破学在官府局面的首批尝试者。钱穆先生说："开诸子之先河者为孔子。孔子生当东周之衰,贵族阶级犹未尽坏,其时所谓学者则惟礼耳。礼者,要言之,则当是贵族阶级一切生活之方式也。""孔子以平民儒士,出而批评贵族君大夫之生活,欲加以纠正,则亦非先例之所许也。故曰:'天下有道,则庶人不议。'明其为不得已焉。然贵族阶级之颓运终不可挽,则孔子正名复礼之主张徒成泡影,而自此开平民讲学议政之风,相推相荡,至于战国之末,而贵族、平民之阶级终以泯绝。则去孔子之死,其间二百五十年事耳。""所谓诸子学者,虽其议论横出,派别纷歧,未可一概,而要为'平民阶级之觉醒',则其精神与孔子为一脉。此亦气运所鼓,自成一代潮流。治学者明乎此,而可以见古今学术兴衰起落之所由也。"[1] 姑且不论战国诸子与孔门弟子的关系,说孔门开创私学,前所未见,堪称破冰之举,应当是不错的。可以推知孔子及其弟子在春秋末叶所能看到的典籍,应主要是王官之学留下来的《六经》,尚无私家著作存在[2];当时所能见到的学问,应主要是周代王官之学中保存的"礼",

---

[1] 钱穆:《国学概论》,商务印书馆,2002年。
[2] 罗根泽:《战国前无私家著作说》,《罗根泽说诸子》,上海古籍出版社,2001年。

一、孔子与历史教育

即为人处世与治国理政的行为规范。那么遴选内容编排教材、开展教育活动就是孔子及其弟子的当务之急，我们应当把"述而不作，信而好古"的精神与孔子开创私学的这一过程结合起来，这样更能体现孔子开展历史教育活动的深刻意义。

值得推敲的是，汉代经学家围绕着《六经》的性质与孔子的地位产生了巨大的分歧；而这些分歧从孔子"述而不作，信而好古"的角度看能得到一定的调和。今文经学家尊孔子为给后世制法的"素王"，彻底把孔子推向神坛；古文经学家认为孔子是"先师"，是整理文献、普及教育的学者。今文经学家认为《六经》皆为孔子所作，这些经典成为汉代统治者执政的蓝图以及汉政权合理性的依据；古文经学家认为《六经》是古代史料，为孔子所传承整理。今文经学家认为汉代的《五经》均为全本，秦人焚书焚的是民间私学的书，而秦代的博士官保存了大量的古代典籍；古文经学家则认为汉代的《五经》是秦火残余，其传述多有不可靠之处。今文经学家董仲舒、司马迁等学者将六经次序排列为《诗》《书》《礼》《乐》《易》《春秋》，这体现了义理上由浅入深的层次；古文经学家班固等学者将六经次序排列为《易》《书》《诗》《礼》《乐》《春秋》，这体现的是制作时代从古到今的先后次序。今古文经对许多学术问题各执一词，总体而言，今文经侧重在学术之"缘"，古文经侧重在学术之"因"。其观点各有精彩之处，也各有短板。就现在的资料来看，许多问题远远没有走到公布答案的阶段。不管是《六经》的性质、孔子的身份、汉代《五经》是否完整乃至《六经》的排序问题，今古文经学者所说都有一定的道理，争执不下。这样的情形，实际上与孔子以及儒家传人们"述而不作，信而好古"的态度密切相关；用"旧瓶装新酒"形容孔子和《六经》的关系，当不为过。

今天看，孔子和《六经》有密切的联系，他很可能是《六经》的整理者，但在孔子之前作为周代意识形态载体的《六经》就已经存在。不可否认，以《六经》为代表的古代文献，经历了复杂辗转的传述过程，整理者会结合当世的需求予以遴选、排列与叙述，把教育过程蕴含在典籍文献的流传过程中；而且文献一旦流传，时时刻刻都有可能增删填补，这是出于学术研究与教学的需要：适应时代需要的内容一定会大书特书，一遍又一遍地被人诠释与传播，而次要的或者边缘化的内容就不大可能有这个机会，儒家经典的流传受秦火的影响，但这个影响也不能夸大（如果说秦火烧掉儒家典籍，那么为什么还能有一大部分躲过秦火而保留下来，这在一定程度上说明儒家典籍的增删是学者造成，而不是政治事件造成）。虽然孔子和《六经》中任何一部经典的关系都是需要具体问题具体分析的大问题，但有一点是明确的："述而不作"是孔子教育的态度，孔子既不可能凭空创造《六经》这样的文本，也不可能无视春秋末叶的时代需求。

（三）评论政治人物的功过是非

孔子所处的历史时期，虽然有礼坏乐崩的现象，但是周代制度文化仍旧有极大渗透力，如钱穆先生所说"孔子生当东周之衰，贵族阶级犹未尽坏，其时所谓学者则惟礼耳"，那么孔子关注的人物，也都是活跃在历史舞台上的政治家。衡量这些人物的准绳是什么呢？当时社会认可的礼无疑是其中最重要的因素之一。但除此以外，还有世功的因素。因为孔子意识到守礼与否和社会安定富足与否，并不是一个问题。前

者是法度层面,后者是成果的层面,孔子的态度仍是具体问题具体分析。比如他很重视齐国的政治家管仲,《论语·宪问》说:

> 子路曰:"桓公杀公子纠,召忽死之,管仲不死。"曰:"未仁乎?"子曰:"桓公九合诸侯,不以兵车,管仲之力也。如其仁!如其仁!"
>
> 子贡曰:"管仲非仁者与?桓公杀公子纠,不能死,又相之。"子曰:"管仲相桓公,霸诸侯,一匡天下,民到于今受其赐。微管仲,吾其被发左衽矣。岂若匹夫匹妇之为谅也,自经于沟渎而莫之知也。"

《论语·八佾》说:

> 子曰:"管仲之器小哉!"或曰:"管仲俭乎?"曰:"管仲有三归,官事不摄,焉得俭?""然则管仲知礼乎?"曰:"邦君树塞门,管氏亦树塞门。邦君为两君之好,有反坫,管氏亦有反坫。管氏而知礼,孰不知礼?"

一、孔子与历史教育

孔子对管仲的这两处评价差别很大。我们应注意到《论语》二十章的编纂中,每一章可能有一个大致的主题。《八佾》很多内容围绕着贵族"守礼"展开,《宪问》基本围绕着"为邦"之道展开,两者都是古代国家的重大政治话题,也是孔子品评人物的标准。管仲辅佐齐桓公九合诸侯,以尊王攘夷为方针获得霸主地位,并且确立了齐国的立国之本:"管仲既任政相齐,以区区之齐在海滨,通货积财,富国强兵,与俗同好恶"(《史记·管晏列传》);他把齐国划分成士、农、工、商"四民","勿使杂处",使人们各安其居,职业世袭;他提倡齐国寓兵于农,"作内政而寄军令",把乡里基层组织和军队组织相结合,让国家牢牢掌握军队,并且节省了常备军的开支、精兵简政,加强了国君的集权;在他的建议之下,国家推行"相地而衰征"的土地改革,按土地的优劣确定纳税的等级,国家按等级收税,增加了国家财政收入的同时,减轻了农民的负担,从而使农民稳定在土地上而不迁移;连战国时齐国稷下学宫的论文集也托名为《管子》。

管仲可谓大政治家,他的一系列变革不仅推动了齐国社会的进步,使得齐国迅速强大起来,而且为"尊王攘夷"的事业奠定了物质基础,使齐国成为春秋五霸中第一个霸主。孔子对管仲的功绩是耳熟能详的,他对弟子中召忽为公子纠而死,管仲非但不为主上而死,反而辅佐主上的仇人齐桓公的说法进行澄清:"桓公九合诸侯,不以兵车,管仲之力也。如其仁!如其仁!""管仲相桓公,霸诸侯,一匡天下,民到于今受其赐。微管仲,吾其被发左衽矣。岂若匹夫匹妇之为谅也,自经于沟渎而莫之知也。"孔子不看好臣为君死的"匹夫匹妇之为谅",因为那是自缢于沟渎而不为人知的小节小信。而管仲做的是"一匡天下,民到于今受其赐"的事业,乃至"微管仲,吾其被发左衽矣",这样的功绩远不是匹夫匹妇的小节小信能比拟。孔子基于世功的角度,能容忍管仲的若干瑕疵。事实上,管仲做的是"尊王攘夷"的霸主事业,维护的是齐国乃至整个周王朝的社会秩序,肯定的是周王的权威,这也即当时的礼,也就是说世功的最终落足点不仅不违礼,而且还是礼之大者;而他认为公子小白与公子纠的个人恩怨就显得微不足道,只能是"匹夫匹妇之为谅"。孔子通过比较国家利益的大节和主上家臣之间的小节,试图让弟子明白节义也有大小之别。被孔子表扬"起予者商也,始可与言《诗》已矣"(《论语·八佾》)的子夏曾说:"大德不逾闲,小德出入可也"(《论语·子张》)。这样的看法放在孔子对管仲的评价上,也是合适的。

但针对"管仲之器""管仲俭"与"知礼",孔子提出了尖锐的批评("器"指器量,孔子也是以礼来衡量管仲的)。"三归""反坫"有不同的说法,但有一点是明确的,管仲有奢侈而且僭越之举。当然这些现象应该都是在得到齐桓公首肯或者默许的前提下出现的。《左传》僖公十二年中,周王以上卿之礼飨管仲,管仲推辞说:"臣,贱有司也,有天子之二守国、高在。若节春秋来承王命,何以礼焉?陪臣敢辞。"周王说:"舅氏,余嘉乃勋,应乃懿德,谓督不忘。往践乃职,无逆朕命。"管仲于是"受下卿之礼而还"。所以管仲获得了《左传》中"君子"的赞许:"管氏之世祀也宜哉!让不忘其上。《诗》曰:'恺悌君子,神所劳矣。'"《左传》中管仲的行为和孔子"管仲之器""管仲俭"与"知礼"的批评形成鲜明的对比。对此最好的解释,就是"三归""树塞门""反坫"等物是齐桓公有意为之,甚至得到了齐国社会的普遍认可。《论语·宪问》中有人问管仲的为人，孔子说："人也。夺伯氏骈邑三百，饭疏食，没齿无怨言。""伯氏"作为大贵族，受到管仲夺三百邑的处罚到"饭疏食"还没有怨言，足见管仲在齐国君臣民众中的威信。孔子批评"管仲之器小哉"之后，有弟子以"管仲俭乎"为由反驳老师"管仲之器小哉"的认识；孔子批评管仲有"三归"之后还有人反问"然则管仲知礼乎"，这说明在孔门弟子中，不少学生和齐国民众一样认可管仲的违礼之举，否则断不会有此疑问。从《论语》这两则的语境中，不难看出孔子弟子们认为管仲的道德短板体现在为公子小白效忠而未给公子纠尽臣节的个人小节上，反而对管仲的违礼并未给予重视，这说明弟子只识其小者而未见其大者。孔子是博闻君子，既然对"三归""树塞门""反坫"都很谙熟，那么对管仲的功业更是了如指掌；他以史实为依据，教给弟子在纷乱复杂的历史现象中识其大者，这样达到了教人守礼的目的。

比孔子略早的郑国政治家子产，是春秋末叶就享有令名的贤大夫。他执政期间，在晋楚大国之间谋求郑国的生存空间，推行"作封洫""作丘赋""制参辟""铸刑书"等一系列措施，成为春秋时期改革的先行者与

一、孔子与历史教育

重要的法家人物。孔子对他盛赞,为学生树立了典型。《论语·公冶长》说:

> 子谓子产:"有君子之道四焉:其行己也恭,其事上也敬,其养民也惠,其使民也义。"

孔子认定他"有君子之道",是从为人处世是否守礼的角度说的。"其行己也恭,其事上也敬,其养民也惠,其使民也义",这应是孔子对政治人物的最高评价。《论语·宪问》中,孔子说:"为命,裨谌草创之,世叔讨论之,行人子羽修饰之,东里子产润色之。""或问子产。子曰:'惠人也。'"所谓"惠人",应是与民惠政之人。《左传》襄公三十一年中,子产谏毁乡校说:"夫人朝夕退而游焉,以议执政之善否。其所善者,吾则行之。其所恶者,吾则改之。是吾师也,若之何毁之?我闻忠善以损怨,不闻作威以防怨。岂不遽止,然犹防川,大决所犯,伤人必多,吾不克救也。不如小决使道。不如吾闻而药之也。""仲尼闻是语也,曰:'以是观之,人谓子产不仁,吾不信也。'"《左传》昭公二十年中子产临终告诫子大叔"唯有德者能以宽服民，其次莫如猛"，但"大叔为政，不忍猛而宽。郑国多盗，取人于萑苻之泽"。大叔悔之，兴兵剿灭萑苻之盗，尽杀之。孔子闻之感叹："善哉！政宽则民慢，慢则纠之以猛。猛则民残，残则施之以宽。宽以济猛，猛以济宽，政是以和。《诗》曰：'民亦劳止，汔可小康。惠此中国，以绥四方。'施之以宽也。'无纵诡随，以谨无良。式遏寇虐，憯不畏明。'纠之以猛也。'柔远能迩，以定我王。'平之以和也。又曰：'不竞不絿，不刚不柔。布政优优，百禄是遒。'和之至也。""及子产卒，仲尼闻之，出涕曰：'古之遗爱也。'"

这里的谏毁乡校、宽猛相济都受到了孔子的高度表扬，"人谓子产不仁，吾不信也"，及子产卒，孔子出涕曰："古之遗爱也。"事实上这样的评价非一般贵族可及，"晏平仲善与人交，久而敬之"（《论语·公冶长》)，这句话表明孔子对晏子的评价不及子产。子张曾经问孔子："令尹子文三仕为令尹，无喜色；三已之，无愠色。旧令尹之政，必以告新令尹。何如？"孔子说："忠矣。"子张问："仁矣乎？"孔子说："未知，焉得仁？"子张又问："崔子弑齐君，陈文子有马十乘，弃而违之。至于他邦，则曰：'犹吾大夫崔子也。'违之。之一邦，则又曰:'犹吾大夫崔子也。'违之。何如?"孔子说:"清矣。"子张问:"仁矣乎?"孔子说:"未知,焉得仁?"(《论语·公冶长》)即便令尹子文能做到"忠",陈文子能做到"清",但他们都不知"仁",因为"忠"有可能是愚忠,"清"有可能是为了自己的利益趋利避害、标榜清高,只有子产是在"行己""事上""养民""使民"方面的知仁守礼之士。耐人寻味的是,《左传》昭公二十九年中,晋国铸刑鼎,"著范宣子所为刑书焉"。仲尼曰:"晋其亡乎!失其度矣。"但昭公六年(公元前536年)郑人铸刑书,"叔向使诒子产书"提出异议,这一年孔子十五岁。但现有资料显示孔子一生未批评子产铸刑书事件,其原因,似乎不能说孔子不知此事或此事发生时孔子太年轻,应另有原因。《左传》昭公二十九年中,蔡史墨认为,赵鞅子铸刑鼎是不得已,若修德,则可以免祸。这与孔子的思路应是一致的。郑国正是由于贤大夫子产在,能够化解铸刑书这一场政治变革带来的矛盾,故此孔子不谈其危害。

孔子和弟子们讨论历史人物的是非功过,是常见的教学方式。在其评价和与弟子的探讨过程中,孔子对历史人物的史实了如指掌,他论据清晰,能够一针见血指出历史人物的得失，而且在其中贯穿着他敏锐的历史意识与价值观，有很强的说服力。

（四）以《春秋》教人

孔子与《春秋》的关系是中国学术史上的重大学案，孟子和一批今文经学家力主孔子作《春秋》，但也有学者尖锐地反对。司马迁称引老师董仲舒的话说："周道衰废，孔子为鲁司寇，诸侯害之，大夫壅之。孔子知言之不用，道之不行也，是非二百四十二年之中，以为天下仪表，贬天子，退诸侯，讨大夫，以达王事而已矣"（《史记·太史公自序》），班固也认为孔子"有所褒讳贬损，不可书见，口授弟子，弟子退而异言。丘明恐弟子各安其意，以失其真，故论本事而作传，明夫子不以空言说经也。《春秋》所贬损大人、当世君臣，有威权势力，其事实皆形于传，是以隐其书而不宣，所以免时难也"（《汉书·艺文志》）。而反对孔子作《春秋》的学者，主张《春秋》本身是鲁国的史书，和战国魏王墓中出土的《竹书纪年》文字相仿；且《左传》昭公二年（公元前541年），晋侯使韩宣子来聘鲁,"观书于大史氏,见《易》《象》与《鲁春秋》,曰:'周礼尽在鲁矣'",这时孔子十岁,则在孔子幼年《春秋》已然成书,孔子是不可能把官方的鲁国史书拿来删削的。

今天看,《春秋》是鲁国官方史书不假,全部《春秋》是孔子首创的可能性也不太大。但问题在于,何以孟子、司马迁、班固都众口一词《春秋》是孔子所作,如无一定的理据,众多学人如何相信?又何以是鲁《春秋》而不是他国史书传世成为《五经》之一?《春秋》和《左传》的关系十分密切,《左传》的可信度又很大,其中屡屡有"仲尼"出场品评,这些话难倒都是假托?这些问题至今没有完全揭开谜底。前文曾说,孔子开创私学,亟需的是教材。这时鲁国官方的《六经》就很顺理成章地成为孔子教学的蓝本,这是古文经学家主张《六经》为古代文献的史实基础;在这个过程中孔子势必要对古代经典进行遴选、组合以及叙述、解读,这就是今文经学家主张孔子作《六经》的史实基础。就《春秋》而言,孔子很可能依据鲁国的官方史书《春秋》(所以《左传》昭公二年中韩宣子见到的《春秋》是《鲁春秋》,区别于孔子以后的《春秋》)进行改编，并参照当时众多的文献推行"比事""属辞"的《春秋》之教。

"比事""属辞"为《春秋》之教，即排比史事，连缀文辞，通过一系列特定的语汇实现儒家伦理道德的善恶褒贬。这应当是孔子以前鲁国史官就已经采取的做法。但如果没有《左传》就很难弄清《春秋》微言大义的原委，那么《左传》出现之前（现代学者一般认为《左传》是战国中叶的产物）《春秋》又是如何读懂的？实际上，在监察制度尚不健全的上古时代，史官的教化作用就不可替代。从著名的齐太史、董狐的故事中，我们可以看到史官把事情梗概用"比事""属辞"的方式记录下来，并不是秘而不宣，而是当庭宣布，造成社会舆论给贵族以直接的震慑，而当时贵族无权干涉（赵盾不能干涉太史记载"赵盾弑其君"就是典型的例子；崔杼即便杀了齐太史及其弟，但也迫于舆论而舍其少弟），则《春秋》说的不是陈年老账，而是当下的历史事件。这样的做法被孔子借鉴，不同的是鲁史《春秋》说的是时事政治，而孔子整理的是历史文献，借陈年旧事来表达自己的政治主张与教育目的。《左传》僖公二十八年的践土之盟中，"晋侯召王，以诸侯见，且使王狩。仲尼曰：'以臣召君，不可以训。'故书曰：'天王狩于河阳。'言非其地也，且明德也。"这就是孔子修订《春秋》的典型过程，既是对晋文公的批评，也是对周王权威的回护。《左传》宣公二年"赵穿攻灵公于桃园。宣子（赵盾）未出山而复。"这时大史书曰："赵盾弑其君。"并且"以示于朝"。赵盾不满，和太史董狐进行辩驳。"宣子曰：'不然。'对曰：'子为正卿，亡不越竟，反不讨贼，非子而谁？'宣子曰：'呜呼！我之怀矣，自诒伊戚，其我之谓矣。"于是孔子评价：

> 董狐，古之良史也，书法不隐。赵宣子，古之良大夫也，为法受恶。惜也，越竟乃免。

这应是孔子改编鲁史《春秋》时，针对史书中"赵盾弑其君"的记载而发出的感叹，说明孔子沿用了前代史官的"比事""属辞"，从而对弟子及时人进行善恶是非分明的儒家伦理教育。

孔子是处于春秋战国转折关头，应时代需求全面总结历史文化并对历史文化进行系统的思想性升华的大学问家。后代学者提出"六经皆史"，试图扩大史学的内涵并使之发挥更大的效用。而事实上，历史教育本身就是孔子教育思想中的最重要的组成部分。孔子不以空言说经，试图在历史变化中寻求规律、找到教化人心的人物事件与一系列历史现象。按照经典马克思主义理论，经济领域产生一系列大转变，带来社会秩序大动荡与道德人性大滑坡的春秋时代，历史的内在进步，需要通过社会的外在堕落表现出来，于是崛起与沉沦、创造与毁灭、文明与野蛮相反相成。难能可贵的是，孔子捕捉到历史发展的许多侧面，看到了道德崩溃、社会秩序紊乱的同时，也看到了制度文化演进的历史规律，并且以"文王既没，文不在兹乎"的历史责任感承担起重整社会秩序、教化人心的伟大事业。除了进行伦理道德说教之外，孔子更采用了在历史变化中、不同历史现象的比较中、具体历史人物事件的叙事批评中打动人心的方式，其效果是显著的，许多做法堪称经典。

二、老子与历史教育

老子与《道德经》在中国学术史上疑团重重。不仅《道德经》文本玄奥深邃，而且老子其人在流传过程中亦真亦幻，老子本人与《道德经》的关系更是见仁见智。自从1922年梁启超写《评胡适之中国哲学史大纲》质疑《道德经》以来，学者们围绕着老子与《道德经》产生了近一个世纪的争议，梁启超、张寿林、钱穆、冯友兰、张季同、罗根泽、顾颉刚、谭戒甫、张西堂，以及胡适、张煦、唐兰、黄方刚、高亨、马叙伦、刘汝霖、郭沫若等学者都融入到这场讨论中，分歧极大。随着马王堆、郭店以及北大汉简《道德经》的出土，人们又对这一场争论产生了新的认识。这里，我们不拟考证老子与《道德经》的年代，而是从另外一个角度切入：按照《史记·老子韩非列传》的记载，老聃李耳、老莱子与晚一个世纪的太史儋都是老子。他们被司马迁放置在一起，应当有共性存在；不可否认，三位思想家都带有浓重的历史观念：

> 老子者，楚苦县厉乡曲仁里人也，姓李氏，名耳，字聃，周守藏室之史也。
>
> 孔子适周，将问礼于老子。老子曰："子所言者，其人与骨皆已朽矣，独其言在耳。且君子得其时则驾，不得其时则蓬累而行。吾闻之，良贾深藏若虚，君子盛德，容貌若愚。去子之骄气与多欲，态色与淫志，是皆无益于子之身。吾所以告子，若是而已。"孔子去，谓弟子曰："鸟，吾知其能飞；鱼，吾知其能游；兽，吾知其能走。走者可以为罔，游者可以为纶，飞者可以为矰。至于龙，吾不能知其乘风云而上天。吾今日见老子，其犹龙邪！"
>
> 老子修道德，其学以自隐无名为务。居周久之，见周之衰，乃遂去。至关，关令尹喜曰："子将隐矣，强为我著书。"于是老子乃著书上下篇，言道德之意五千余言而去，莫知其所终。

二、老子与历史教育

或曰：老莱子亦楚人也，著书十五篇，言道家之用，与孔子同时云。

盖老子百有六十余岁，或言二百余岁，以其修道而养寿也。

自孔子死之后百二十九年，而史记周太史儋见秦献公曰："始秦与周合，合五百岁而离，离七十岁而霸王者出焉。"或曰儋即老子，或曰非也，世莫知其然否。老子，隐君子也。

老子之子名宗，宗为魏将，封于段干。宗子注，注子宫，宫玄孙假，假仕于汉孝文帝。而假之子解为胶西王卬太傅，因家于齐焉。

世之学老子者则绌儒学，儒学亦绌老子。"道不同不相为谋"，岂谓是邪？李耳无为自化，清静自正。

有人说，司马迁交代了一笔糊涂账，但今天来看，司马迁这样的说法不应该是空穴来风。老聃李耳是周室的守藏室之史，也是孔子眼中的长者与博闻君子，如此才可能发生他对孔子以长者角度的人生教诲。[1]
公元前520年周景王去世,在继位问题上王室发生内乱,嫡次子王子丐被立为周敬王,庶长子王子朝不服,将周敬王丐驱逐出洛阳王城,自立为王;公元前516年秋冬之际,晋国出兵支持周敬王丐复位,王子朝见难以应付,遂携带周室典籍投奔晋国的对头楚国,以示其正统。《左传》昭公二十六年载:"王子朝及召氏之族、毛伯得、尹氏固、南宫嚚奉周之典籍以奔楚。"王子朝撤离王城后曾派使者去各诸侯国寻求支持,为复位而努力,最终未果。王子朝及其党羽的这一举动,

---

[1] 孔子问礼,应当不是个人行为。《史记·孔子世家》里也有类似的记载,但是角度不同:"鲁南宫敬叔言鲁君曰:'请与孔子适周。'鲁君与之一乘车,两马,一竖子俱,适周问礼,盖见老子云。辞去,而老子送之曰:'吾闻富贵者送人以财,仁人者送人以言。吾不能富贵,窃仁人之号,送子以言,曰:'聪明深察而近于死者,好议人者也。博辩广大危其身者,发人之恶者也。为人子者毋以有己,为人臣者毋以有己。'孔子自周反于鲁,弟子稍益进焉。"《孔子世家》是说,在贵族南宫敬叔建议之下,孔子才去拜见老子,还有鲁国国君的首肯与物质支撑。由此大体能推断出,孔子问礼于老子的目的,在于咨询鲁国的现实问题。老子对孔子的批评"聪明深察而近于死者,好议人者也。博辩广大危其身者,发人之恶者也。为人子者毋以有己,为人臣者毋以有己",结合《老子韩非列传》中"良贾深藏若虚""君子盛德容貌若愚""去子之骄气与多欲""态色与淫志"可知,老子的态度固然是对孔子个人处事做法的批评,但也可以看作史官博大真人与现实政治中人的巨大差别。

不仅给当时周王朝政治带来巨大冲击,而且影响到夏商周三代文化的保存:大量东周以前的图书档案文献后代阙如,很可能与此相关。这样旷日持久的最高统治者的内讧,一定会影响到守藏史老子。老子的安稳宁静被打破,不得不避难,于是有了出关著《道德经》的行为。就此而言,《道德经》的内容,是思想家基于春秋末叶的乱局,对社会人生的深刻关照,带有很强的历史感。

司马迁《史记·老子韩非列传》说老莱子"亦楚人也,著书十五篇""修道而养寿",记载很是简略。晁福林先生认为,老莱子应该是山东的莱国遗民,迁徙于楚,因为寿考而称老。[1] 隐士深居简出,其履历很少为人所知。晋皇甫谧《高士传》言,老莱子生逢楚公室发生白公胜之乱,"逃世耕于蒙山之阳,蓬蒿为室,枝木为床,饮水食菽,垦山播种"。有人言于楚惠王,楚惠王于是驾至老莱子之门,"莱子方织畚"。楚王说:"守国之政,孤愿烦先生。"老莱子应允;但楚惠王走后,老莱子妻采樵而还家,对他说:"妾闻之,可食以

---

[1] 晁福林:《论老子思想的历史发展》,《孔子研究》2002年第1期。

酒肉者，可随而鞭棰；可拟以官禄者，可随而鈇钺。妾不能为人所制者。"老莱子妻遂"投其畚而去"，老莱子亦随其妻，"至于江南而止"，人"莫知其所终也"。其言论战国时也有人称引，足见也有门徒传播其学说。《大戴礼记·卫将军文子》载孔子说："德恭而行信，终日言不在尤之内，在尤之外，贫而乐也，盖老莱子之行也。"《战国策·楚策》载"或谓齐黄曰：'公不闻老莱子之教孔子事君乎？示之以齿之坚也，六十而尽相靡也'"。《庄子·外物》载，孔子曾经遇到过老莱子弟子。弟子向老莱子描述孔子："有人于彼，修上而趋下，末偻而后耳，视若营四海，不知其谁氏之子。"老莱子认定这是孔子，对孔子说："邱（丘），去汝躬矜与汝容知，斯为君子矣""夫不忍一世之伤，而骜万世之患""与其誉尧而非桀，不若两忘而闭其所誉"。"圣人踌躇以兴事，以每成功。"孔子的生活年代和楚惠王时期的老莱子相差不远，但《庄子》中描述老莱子与孔子对话，而且还是以长者规箴的口吻说出，恐不真实，应是庄子门徒编造出的对孔子的戏谑讽刺之语，但也说明老莱子在庄子门徒眼中有一席之地。老莱子娱亲的故事为人熟知："老莱子孝养二亲，行年七十，作婴儿自娱,着五采斒斓衣裳,取桨上堂跌仆,因卧地为小儿啼,或弄鹪鸟于亲侧"(《后汉书》注引《列女传》)。就一般人而言,这样的细节外人都是难以知晓的,何况老莱子为方外之人;他根本不是崇尚孝道的礼法之士,这个故事无疑是汉魏时期人们宣传儒家纲常的附会。从以上可以看出,老莱子是看透历史沧桑的楚国隐士,战国以后人们多有称道。

司马迁交代的第三位老子是太史儋,仍是周王室的史官。"自孔子死之后百二十九年","史记周太史儋见秦献公",概括了周秦历史的发展趋势,讲出一个耐人寻味的谶语。但至于司马迁看到什么"史记",今天已经难以知晓。这在秦人眼中是秦献公时期的大事,不仅在《老子韩非列传》中有载,也在《周本纪》《秦本纪》中有载,但所载时间不同。《老子韩非列传》说它发生在孔子死后一百二十九年,孔子卒于公元前479年,则此时在公元前350年前后,已经是秦孝公时期,不是秦献公;《史记·秦本纪》《周本纪》记载,太史儋见秦献公应该是在周烈王二年、秦献公十一年,公元前374年,此说应更合理。秦献公是战国中期的秦君,曾迁都栎阳、"止从死",革除殉葬陋习。太史儋的表述也有不同:《老子韩非列传》说"始秦与周合,合五百岁而离,离七十岁而霸王者出焉";《周本纪》载"始周与秦国合而别,别五百载复合,合十七岁而霸王者出焉"。太史儋见秦献公讲的谶语,应系秦孝公崛起前后秦国社会上流行的舆论。[1] 司马迁说"或曰儋即老子,或曰非也,世莫知其然否",应也能说明一定的问题:太史儋对道家学说也做出过贡献,并且受到一部分人的认可,但这样的看法并不占绝对优势。

从这三个老子的身份来看,老聃李耳、太史儋都是史官,他们对周代的典章制度一定不陌生;老莱子可能是莱国遗民,隐居于楚,也会带有遗民的怀旧色彩。如果说《道德经》完成于此三者之手的话,那么他们的目的,也是从历史发展的轨迹中寻求规律来教

---

[1] 按:《周本纪》所说多有舛误,《老子韩非列传》所说应更合理。周孝王封秦之先祖非子于秦邑,为周人附庸,"始秦与周合"当指此;西周晚期秦仲被封为大夫,守西陲,征伐西戎而死,这是秦与周的始合而又别;秦与周别后五百载而复合,秦将再次纳于周的麾下;周显王九年,公元前 360 年,周送胙肉于秦,当是周秦复合的标志;此后十七年,周显王二十六年,公元前 343 年,周天子命秦孝公为侯伯,即"合十七岁而霸王者出焉"所指。晁福林:《周太史儋谶语考》,《天命与彝伦——先秦社会思想探研》,北京师范大学出版社,2012 年。

化人心。《汉书·艺文志》中班固主张,"道家者流,盖出于史官",不少学者也认为《道德经》是史官文化的产物,这应当是不错的。但其中哪些内容体现了先秦史官的思想?反映了史家怎样的教育意图?这是值得深入思考的重要问题。

(一)"小国寡民"的历史经验

《史记·老子韩非列传》明言"老子修道德,其学以自隐无名为务",故"自隐无名"可以视作其学说的显要特点。前辈学者指出,《道德经》的历史观有着很大的复古色彩,比如第八十章中著名的"小国寡民"的政治理想:

> 小国寡民。使有什伯之器而不用;使民重死而不远徙。虽有舟舆,无所乘之;虽有甲兵,无所陈之。使民复结绳而用之。甘其食,美其服,安其居,乐其俗。邻国相望,鸡犬之声相闻,民至老死不相往来。

人们多认为，此章把昔日原始氏族部落的面貌当作理想的乌托邦，但专家指出"小国寡民"的问题如果作为隐逸思想来看，似乎更恰当[1]，此论甚是重要。仔细推绎这一段记载，固然夏族、商族、周族皆经历过"小国寡民"的时代，但《道德经》的"小国寡民"理想，应不是建议统治者回归到夏商周三代以前的氏族部落时代，而是提倡统治者效法商周时期大都邑之外的氏族部落的管理模式。这应是商周时期实际存在的历史现象。

其一，《道德经》"小国寡民"之语与《左传》僖公二十一年"保小寡"之语一致。《左传》僖公二十一年载，邾人灭须句，须句因是鲁僖公之母成风的母家，故须句子奔鲁，成风对鲁僖公言："崇明祀，保小寡，周礼也。蛮夷猾夏，周祸也。若封须句，是崇皞、济而修祀，纾祸也。"杨伯峻先生注此"小寡"，《道德经》之"小国寡民"即指须句。[2] 须句为太皞之后，与鲁国联姻的华夏族小国，它和春秋时代的大都邑有别，周人称为"小寡"。从考古资料来看，鲁国曲阜

---

[1] 晁福林：《先秦社会思想研究》，商务印书馆，2007年，第265页。
[2] 杨伯峻编著：《春秋左传注》，中华书局，1995年，第392页。

故城的周长11 771米,东垣长2531米,西垣长2430米,北垣长3560米,总面积在八九百万平方米;齐国临淄故城大城周长14 158米,西垣长2812米,北垣长3316米,东垣长5209米,南垣长2821米,总面积在一千三百万平方米;滕国故城周长2795米,南垣长850米,东垣长555米,北垣长800米,西垣长590米,总面积在四五百万平方米[1];滑国故城南北长约2000米,东西宽约1000米,中部宽700米,南部宽500米,呈南北长、东西窄的形状,总面积在一两百万平方米[2]。东周时期各国多僭越违制,国虽小而城不小。那么鲁国所称呼的"小寡"之国,城址面积一定比上述见于经传的封国小很多,应即与中小型聚落相仿佛。如专家调查研究所示,伊洛河流域124平方公里的范围内共有两周聚落86处,每个聚落平均面积4.85万平方米,包括10万、20万乃至60万平方米的中型聚落,其中从数千到3万平方米的小型聚落

---

[1] 中国社会科学院考古研究所编著:《中国考古学·两周卷》,中国社会科学出版社,2004年,第250、252、264页。
[2] 赵芝荃:《河南偃师"滑县"考古调查简报》,《考古》1964年第1期。

占总数的 70% 以上。[1] 文献中的小聚落也有不少,童书业先生就曾论及《论语·公冶长》中"十室之邑"这种小村邑的普遍性,言"是等小邑盖与书社井田相近,一二十家村聚耳"[2]。西周金文中常见的"万邦"应即众多的"小寡"之国。故无论是城址还是中小型聚落,"小国寡民"在商周时期有着广泛的社会基础。

其二,《道德经》此处已暗示,此小国已经进入到文明时代。文中言"有什伯之器"而非没有,民能"远徙"但"民重死而不远徙","虽有舟舆,无所乘之;虽有甲兵,无所陈之",并且社会已经文墨,但统治者"使民复结绳而用之"。这说明此"小寡"之国已经有了军队和众多发明创造,并且国与国之间存在交流,其文明程度已经到达了相当的高度。值得一说的是,商周时代区域间的远徙不绝于书,除战争之外还有很多痕迹,比如殷墟妇好墓玉料基本上都是新疆玉[3],陕西淳化县境内的商周之际的黑豆嘴类型铜器包含来自青海

---

[1] 陈星灿、刘莉等:《中国文明腹地的社会复杂化进程——伊洛河地区的聚落形态研究》,《考古学报》2003 年第 2 期。

[2] 童书业:《春秋左传研究》,中华书局,2006 年,第 165 页。

[3] 中国社会科学院考古研究所编著:《殷墟妇好墓》,文物出版社,1980 年,第 114、228 页。

地区乃至西亚的因素[1]。陕西扶风召陈村的西周建筑遗址出土的两个蚌雕人头像，皆高鼻深目，属白色人种的大月氏、乌孙。[2]但这种远徙在商周史上并非常事，各个地区之间独立发展是最显著的特征。比如西周宝鸡峪泉墓地与茹家庄、竹园沟两处西周墓地相距三五公里，此地发掘的墓葬中未见到竹园沟等处墓葬中常见的与巴蜀文化有关的尖底罐、柳叶形短剑等器物，而其组合以典型的先周、西周墓葬的铜器与鬲罐为特征。由此可见峪泉墓地应属中原典型的周文化墓葬，应与竹园沟等处墓地属于不同的文化系统。[3]两地近在咫尺，但各自的文化差异明显，相互干扰很小，这与《道德经》的"民重死而不远徙""邻国相望，鸡犬之声相闻，民至老死不相往来"的情况颇为吻合。

其三，《道德经》此处说让"小寡"之国的人民而并非小部分统治者"甘其食，美其服，安其居"，这与文明社会以前的经济条件不吻合。固然是政治理想，

---

[1] 张文立、林沄:《黑豆嘴类型青铜器中的西来因素》,《考古》2004年第5期，第65—73页。

[2] 陈全方:《周原与周文化》,上海人民出版社，1988年，图版20。

[3] 陕西省考古研究所、宝鸡市考古队:《陕西省宝鸡市峪泉周墓》,《考古与文物》2000年第5期。

但势必有经济条件支撑才能得以实现。专家经推算,"刀耕火种"的条件下,夏代亩产40斤左右;商代亩产60斤左右;西周亩产80斤左右;直到战国李悝变法时,亩产120斤左右[1],则在原始氏族时代的亩产量更低。《诗经·豳风·七月》中的西周庶人家庭仍"采荼薪樗,食我农夫",感叹"无衣无褐,何以卒岁"。[2]倘若说《道德经》中的"乐其俗"是因为有种种宗教思想情结存在,那么生活条件困苦的史前时代,先民筚路蓝缕、节衣缩食,如何能"甘其食,美其服"?氏族部落间为了争夺适宜居住的领地、食物水源等重要的生活资料,大规模的正面冲突始终存在;野兽出没、灾难频繁,自然条件异常恶劣,如何能"安其居"?"甘其食,美其服,安其居"的生活状态,是生产力发展到一定条件的产物:物质资料增长,贫富差距在社会许可的范围内,面对灾年政府有较为充盈的物资储备。而春秋以来铁器牛耕推动生产力飞跃,战国时期各国推行授田制以稳定农业生产,国家府库殷实的情况,

---

[1] 杨贵:《对夏商周亩产量的推测》,《中国农史》1988年第2期。
[2] 沈长云:《由〈诗·七月〉论及西周庶人的社会身份》,《人文杂志》1989年第6期。

倒与《道德经》所说有些相似。那些"小寡"之国不可能不受到大环境的影响,但其国家机器简单,贫富分化不剧烈,所以倒能够出现《道德经》所说的情况。《道德经》看到了"甘其食,美其服,安其居"对安定人心的作用,但并没有认识到这些物质因素同样是社会进化使然。

"小国寡民"应是《道德经》基于商周文明社会时代的氏族部落情况构造出的,它们的面貌跟同时期的大都邑迥异。就此而言,作为周室守藏室之史、对商周掌故相当谙熟的老子,提出这样的政治理想,旨在以历史经验教化人心。商周历史上真实存在过的"小寡"的氏族部落,是老子思想的蓝图。《道德经》希望借此摆脱人类进化带来的繁缛的国家机器,乃至纷乱的物质世界,也即其历史教育的落足点之一。

(二)"受国之垢"的训诲

《道德经》中亦有不少藐视权力的文字,也带有丰富的历史经验,对当时贵族起到规箴作用。比如第七十八章:

天下莫柔弱于水，而攻坚强者莫之能胜，以其无以易之。弱之胜强，柔之胜刚；天下莫不知，莫能行。是以圣人云：受国之垢，是谓社稷主；受国不祥，是为天下王。正言若反。

此章借助水能以柔克刚，以及"受国之垢，是谓社稷主；受国不祥，是为天下王"两个例子说明"正言若反"的道理。这意味着光鲜的"社稷主""天下王"背后是"国之垢""国不祥"。《道德经》第三十九章也说"是以侯王自谓孤、寡、不穀，此非以贱为本耶？"《道德经》为何如是观？

《韩非子·五蠹》中人们能捕捉到种种信息："尧之王天下也，茅茨不翦，采椽不斫，粝粢之食，藜藿之羹，冬日麑裘，夏日葛衣，虽监门之服养，不亏于此矣。禹之王天下也，身执耒臿以为民先，股无胈，胫不生毛"。出现这样的情况，与其说是由于王者自己的业务水平与道德修养，不如说是"小国寡民"时期恶劣的社会条件使然。"虽臣虏之劳不苦于此矣！以是言之，夫古之让天子者，是去监门之养而离臣虏

二、老子与历史教育

之劳也,古传天下而不足多也。"在韩非眼中,禅让之所以发生,正是因为进入文明社会前后王者的责任太重。《吕氏春秋·直谏》记载了荆文王不守王道而被笞的故事:"荆文王得茹黄之狗,宛路之矰,以畋于云梦,三月不反;得丹之姬,淫,期年不听朝。葆申曰:'先王卜以臣为葆,吉。今王得茹黄之狗,宛路之矰,畋三月不反;得丹之姬,淫,期年不听朝。王之罪当笞。'王曰:'不谷免衣襁褓而齿于诸侯,愿请变更而无笞。'葆申曰:'臣承先王之令,不敢废也。王不受笞,是废先王之令也。臣宁抵罪于王,毋抵罪于先王。'王曰:'敬诺。'引席,王伏。葆申束细荆五十,跪而加之于背,如此者再。"这说明在氏族部落中,很可能已经形成约束氏族部落首领行为的种种严格规则,一旦首领的行为与规则背离,首领就得受到严厉的处分。"在早期社会的一定阶段,人们以为国王或祭司有天赋的超自然力量,或是神的化身。与这种信念相一致,他们还认为自然的过程也或多或少在他的控制之下,如果气候不好,庄稼歉收,以及其他类似的灾难,他都要负责。在某种程度上,似乎认定国王对自然的权力,也是通过他的意志的作用来行使的。因此,如果旱灾、饥馑、疫病和风暴发生，人民便归咎于国王的失职或罪尤。"[1]基于此，专家认为这种现象是原始遗俗的表现。[2]

在老子与韩非眼中，正因为此时的首领之位如此艰苦，所以那些禅让的史实也没有什么值得称道的，就此来说那些巢父许由之类的隐士行为也很容易理解。甲骨文也能反映出商王对社会生产生活亲自进行督导，他们并不置身于稼穑劳作之事以外；直到西周初年周公作《无逸》还再三强调稼穑艰难，不可淫逸放纵，亵渎辛勤耕耘的前人。《道德经》第七十八章说"受国之垢""受国不祥"，这些也似乎是对古代氏族社会首领须经受太多"臣虏之劳"的情形的种种朦胧回忆；第三十九章说"是以侯王自谓孤、寡、不穀，此非以贱为本耶"，"孤""寡"谓少，"不穀"谓不善，这些后代君王的谦称，隐约反映了氏族部落首领并非什么好的差事。巡狩意味着中国早期国家的王者，对氏族社会方方面面必须事必躬亲。《孟子·梁惠王下》描述天子巡狩的目的在于"春省耕而补不足，秋省敛

---

[1] 〔英〕弗雷泽著，徐育新、汪培基、张泽石译：《金枝》，新世纪出版社，2006年，第171页。
[2] 徐志钧校注：《帛书老子校注》，学林出版社，2002年，第152页。

而助不给"，这也与中国早期国家服务于民的特点相合。中国早期国家有着浓厚的仁慈色彩，韩非概括为"上古竞于道德，中世逐于智谋，当今争于气力"（《韩非子·五蠹》），把仁慈道德当作了上古时代最典型的特点；早期国家固然有着暴力压迫性因素，但这远远小于服务性因素。

既然这在许多文明的童年时期都出现过，那么商周时期大都邑之外的众多部落自然也不例外。其首领往往是中原王朝指认的地方土著部落的酋长。这些酋长对中原王朝的独立性较大，也都面临着与中原王朝不同的社会问题：领地小，人口少，贫富分化不剧烈，国家机器不健全，不具备后代让王朝顺利运转的官僚制度，所以首领必须为早期国家的安危负责。而商周中原王朝早已走出"小国寡民"的时代，各种制度也逐渐完善，国家机器走向成熟。故就周王朝看来"社稷主""天下王"是高高在上的至尊，与"受国之垢""受国不祥"风马牛不相及，但就《道德经》青睐的"小国寡民"部落看来并不如此，因而《道德经》借此论证"正言若反"的命题。这些古代社会的痕迹，是周代史官不陌生的内容。

（三）"善为士者"的倡导

《道德经》中多处勾勒出不少古代"隐逸"之"士"的形象。比如郭店《道德经》甲本第八、九简，今本《道德经》第十五章：

> 长古之善为士者，必非（微）溺（妙）玄达，深不可志（识），是以为之颂（容）：夜（豫）乎奴（若）冬涉川，猷（犹）乎其奴（若）畏四邻，严乎其奴（若）客，涣乎其奴（若）怿（释），屯（敦）乎其奴（若）朴，屯（沌）乎其若浊。竺（孰）能浊以静者，将舍（徐）清。竺（孰）能疕（安）以往（动）者，将舍（徐）生。

《道德经》所说的"古"当为"小国寡民"的时代。"长古之善为士者"具备谨慎、戒惧、庄重、博大、敦厚、包容的品格，这些品格能让他们在浑浊动荡的局面中安定下来，归于澄净（"孰能浊以静者，将徐清"）；在安逸的状态中，懂得获得新生（"孰能安以动者，将徐生"），所以他们"微妙玄达，深不可识"。这些是上古时期对"士"的精神要求，是文明初始的艰苦社会条件的产物，与《韩非子·五蠹》"上古竞于道德"的描述吻合。就历史的发展来看，战国以前文武不分职，《周礼·地官·保氏》的礼、乐、射、御、书、数"六艺"表明，"士"在战国以前身兼文武刚柔各种技艺与思想素质，"微妙玄达，深不可识"应即此。"俗人昭昭，我独昏昏。俗人察察，我独闷闷。澹兮其若海，飂兮若无止。众人皆有以，而我独顽似鄙。我独异于人，而贵食母"（《道德经》第二十章），"古之所谓曲则全者，岂虚言哉！诚全而归之"（第二十二章），"善为士者，不武；善战者，不怒；善胜敌者，不与；善用人者，为之下。是谓不争之德，是谓用人之力，是谓配天古之极"（第六十八章）。精神上遗世独立，行为上藏而不露、委曲求全、与世无争的状态，被《道德经》看作古人与天匹配的最高法则。在"小国寡民"的环境中，领地小、人民朴；城邦内部和谐圆融，人与人之间保持着血缘纽带的脉脉温情，人们淡化个人得失，谋求本城邦的生存与发展成为成员的第一要务。

"士"这样的特点与中国早期国家的历史特点吻

合。中国早期国家的形成与西方有着不同的发展道路。这种道路既有阶级分化的道路,又有社会管理职能强化的道路。后者对于中国上古史来说较前者更为普遍与重要;中国早期国家并非阶级矛盾不可调和的产物,而是在一定社会发展阶段上建立在众邦之上的社会权力组织。[1]社会统治管理职能不仅仅是中国早期国家发挥作用的方式。这样,历史对氏族部落酋长素质的要求就非常高,他们须是《道德经》中"微妙玄达""深不可识"的"士"。中国进入文明时代后,社会的基础构成仍是以血缘为纽带的氏族。而氏族部落的酋长不仅是自然生成的首领,更要对生产力低下的生产生活环境、复杂动荡的历史环境所带来的挑战做出对策,成功驾驭时局,才能带领全部氏族部落成员走出危难、繁衍生息。也就是说,氏族部落首领的社会统治管理能力,是该氏族部落命运的决定性因素。从文献中人们很容易找到上古时代部落首领不遗余力地勤于政事、任劳任怨、体恤民众生活,甚至因公殉职的例子。如《国语·鲁语上》记载:

---

[1] 晁福林:《先秦社会形态研究》,北京师范大学出版社,2003年,第86—89页。

二、老子与历史教育

夫圣王之制祀也,法施于民则祀之,以死勤事则祀之,以劳定国则祀之,能御大灾则祀之,能扞大患则祀之。非是族也,不在祀典。昔烈山氏之有天下也,其子曰柱,能殖百谷百蔬;夏之兴也,周弃继之,故祀以为稷。共工氏之伯九有也,其子曰后土,能平九土,故祀以为社。黄帝能成命百物,以明民共财,颛顼能修之。帝喾能序三辰以固民,尧能单均刑法以仪民,舜勤民事而野死,鲧障洪水而殛死,禹能以德修鲧之功,契为司徒而民辑,冥勤其官而水死,汤以宽治民而除其邪,稷勤百谷而山死,文王以文昭,武王去民之秽。

如果说"微妙玄达""深不可识"是《道德经》中"士"的境界,那么中国上古时代氏族部落首领这些事无巨细、泽及子民、可歌可泣的史迹,就是其史实基础。首领们为了使氏族部落得以长盛不衰,尽最大能力发挥着早期国家的社会统治管理职能:第一,对农事极其关注。稼穑之事为氏族生存之本,先是"能殖百谷百蔬"的烈山氏之子柱、传承稼穑之业"勤百谷而山死"的稷，再是"能平九土"的后土、"勤民事而野死"的舜，这些率民从事农事的氏族部落首领最先被先民列入祀典。像"能序三辰以固民"的帝喾那样职掌星辰历法的氏族部落首领，他们能正确地提供对农业生产的指导意见，也被先民当作功臣加以隆重地祭祀。第二，稳定社会秩序。中国进入文明时代固然有刀光剑影的一面，也同样有秩序和谐的一面。"黄帝能成命百物，以明民共财，颛顼能修之""尧能单均刑法以仪民""契为司徒而民辑""汤以宽治民而除其邪""文王以文昭，武王去民之秽"，即在氏族社会内部建立种种制度、妥善处理财富分配问题、制定对氏族成员的惩罚措施，并且对扰乱秩序的不法之徒进行严厉打击或试图感化，借此来实现氏族社会的和谐。氏族社会之所以在温情脉脉中得以长期生存，氏族部落首领对稳定社会秩序发挥了不可替代的作用。第三，对部族做出了巨大贡献。"障洪水而殛死"的悲剧人物鲧、"能以德修鲧之功"的英雄禹、"勤其官而水死"的水官冥，对治理水患付出了巨大的心血甚至是生命的代价。这些上古氏族部落首领之所以拥有高贵的地位与权力,是因为他们通过伟大的政绩对氏族部落的生存发展做出了不可磨灭的贡献,成功发挥了中国早期国家的社会统治管理职能。"浊以静者,将徐清""安以动者,将徐生""微妙玄达""深不可识"等等高尚的品格,与其说是道家对"士"的玄化,不如说是以道家为代表的史官文化对中国上古历史经验的提炼和总结。

这些要求在"小国寡民"时代并不稀奇,但与春秋战国以来"俗人"所处的社会环境却相冲突。这些遗存被老子所看重,成为《道德经》教化人心的依据。

(四)"道"与"德"的思辨

按照司马迁所说,老聃李耳的身份,是春秋末期成周的守藏史,不是贵族中的平庸人物,更不会是无学无文的赳赳武夫,而是一个谙熟周代意识形态的博闻君子。老聃彬彬有礼,渊博谦恭,自隐无名,他一定秉承了周人的礼乐文明,在许多方面能够代表周代的时代精神。这种身份在老子书中有没有体现?肯定是有的。周人"礼仪三百,威仪三千",制度洋洋大观,在《道德经》中最重要的痕迹,就是"道"与"德"的思辨。

中国古代的"德"观念特别复杂。在商末的甲骨文里,"德"作"󰀀",是一个人的眼睛看路的样子,这个字也有学者读为"省",系视察、巡行之意,彼时这个字尚与后世的仁义道德不相关。随着历史的发展,周人的"德"已经产生了变化,西周金文中有"德",作"󰀀";在西周中后期的金文中,"德"字加了心,表示跟人的思想有一定的相关性。周人重"德",认为重"德"保民才能得到上天的庇佑。商纣王在西伯戡黎之后,臣子祖伊劝告商纣王,纣说"呜呼,朕不有命自天!"(《尚书·西伯戡黎》)和商纣王咎由自取形成鲜明对比的是周人。周人非常谦恭,在克商之后进行了深刻的反思,总结出天下是有德者居之,天意眷顾与否在于统治者有德无德,有德无德要看民心所向,"皇天无亲,惟德是辅"(《左传》僖公五年)。这个"德"非常宽泛,对遵从天命、制度、规律的实践,就是守德。这个"德"包含了后代"仁义道德"之"德",但要宽泛得多。到了春秋以后,随着思想家的精神飞跃,"德"的仁义道德属性才日益凸显。在马王堆本《道德经》甲乙本中,《德经》在前,《道经》在后。很可能西周时代最重要的观念不是"道",而是"德"。老子作为周之守藏室之史,势必体现着周代官方的意识形态,"德"作为其中极其重要的概念,就成了《道德经》的重要构成[1]。

"道"是《道德经》立论的中坚概念。没有"道",也就没有万事万物。道好像就是柏拉图的理念世界,先有了理念世界,后有了现实世界;前者是"道",后者是"德"。"道"的概念应是老子的创制。"道"的本义就是道路,篆书的"道"就是"首"在岔路口张望的样子。周代意识形态中,已经有"道"的概念。《尚书·洪范》说"遵王之道""王道荡荡""王道平平""王道正直",《君奭》说"我道惟宁王德延",《康王之诰》说"皇天用训厥道,付畀四方",这些"道"都可以视为方法、原则。《论语》中也有大量的"道":"君子务本,本立而道生"(《学而》),"射不主皮,为力不同科,古之道也"(《八佾》),"邦有道,不废;邦无道,免于刑戮"(《公冶长》)等。"道"为儒家的秩序。有鉴于此,《道

---

[1] 马王堆帛书《道德经》的次序,《德经》在前,《道经》在后,与传世五千言不同,这其中一定有编纂者的内在逻辑。

德经》进行了深刻的反思,用"道"来称呼宇宙的终极规律,是因为它和道路一样都具有规律性。《道德经》第二十五章说:

> 有物混成,先天地生。寂兮寥兮,独立而不改,周行而不殆,可以为天地母。吾不知其名,强字之曰"道",强为之名曰"大"。大曰"逝",逝曰"远",远曰"反"。故道大,天大,地大,人亦大。域中有四大,而人居其一焉。人法地,地法天,天法道,道法自然。

某物混沌而成,先于天地而独立存在。它不能被改变,也没有人能改变;它不断地运作,永不停息,这就是天地之母。老子不知道天地之母的名字,如果让强行命名,就姑且用一个"道"字称呼它。当然这种称呼不免牵强,因为道不可能用有限的语言来形容;如果它有特点,那就是"大","逝""远""反"都是大道派生的属性。在"域中四大"里,道为首位,是自然的产物。老子宇宙终极规律称之为"道",是区别于寻常方法、原则、秩序的。请看《道德经》第一章

二、老子与历史教育

著名的言论:

> 道可道,非常道;名可名,非常名。

寻常方法、原则、秩序的"道"可以讲出来,但宇宙第一动因、终极规律的"道"不可以阐述与命名,因为语言是有限的,一旦形容出来,一定把无限的大道剪裁得体无完肤了。从周人意识中的寻常的方法、原则、秩序里抽象出世界第一动因,应是老子的贡献。

特别有历史感的是,老子还用"道"和"德"的思辨描述了东周以后历史退化的过程。《道德经》第三十八章:

> 失道而后德,失德而后仁,失仁而后义,失义而后礼。夫礼者,忠信之薄,而乱之首。前识者,道之华,而愚之始。

这一过程就是周代社会礼坏乐崩、人心不古的过程。"德"不仅是"道"造化的产物,也代表周代最高意识形态。"失道而后德"的状态,似乎和进入东周之后王道衰微，但周王权威尚存的历史现象是吻合的。随着历史的发展，霸权迭兴，周王室的政治秩序受到了冲击，于是孔子创制出"仁"试图救时之弊，此过程应是"失德而后仁"的过程。战国以后兼并频仍，兵燹不断，强凌弱，众暴寡，"仁义"的风靡也是在儒家思想成为显学的战国时期，此应是"失仁而后义"。东周末叶权力已经下移，学在民间，邦无定交，士无定主，"失义而后礼"，原先作为"国之干也"（《左传》僖公十一年内史过语）、"天之经也，地之义也，民之行也"（《左传》昭公二十五年子大叔引子产语）、"所以本也"（《左传》闵公元年仲孙湫语）的"礼"，已经完全下移、改弦更张、愈发形式化，成为服务于新兴军功贵族的理论工具，"失义而后礼"应即这样的现象。异化了的"礼"只剩下躯壳，所以是"忠信之薄""乱之首"；诸子百家皆称"前识"，是为"道之华，而愚之始"。这样的历史过程，自然不是春秋末叶的老聃李耳可以想见，但是说它代表了战国后期人们的历史认识，应当无大碍。至此《道德经》的语言，火药味已经相当浓厚，针对性非常鲜明，绝非脱离历史实际的空谈。

(五)"礼"的批评

《道德经》批评"礼"是"忠信之薄"与"乱之首",应当说这个"礼"是形式化的"礼",已经违背了"礼节民心"(《礼记·乐记》)的初衷。与其说老子批评"礼",不如说是维护"礼"的威严。老聃李耳是守藏史,有着非常渊博的知识,对"礼"是很清楚的。如果说周代的"德"包含了自身内省和外在行为实践两个方面的话,那么"礼"就是制度约束,包括了约定俗成的习惯和有强制力的规范。两者作为周代意识形态中的核心概念,都是儒家思想的重要来源。则老聃李耳势必是这方面的行家。《礼记·曾子问》有这样一个故事:

> 曾子问曰:"古者师行,必以迁庙主行乎?"孔子曰:"天子巡守,以迁庙主行,载于齐车,言必有尊也。今也取七庙之主以行,则失之矣。当七庙、五庙无虚主;虚主者,唯天子崩,诸侯薨与去其国,与袷祭于祖,为无主耳。吾闻诸老聃

曰：天子崩，国君薨，则祝取群庙之主而藏诸祖庙，礼也。卒哭成事而后，主各反其庙。君去其国，大宰取群庙之主以从，礼也。祫祭于祖，则祝迎四庙之主。主，出庙入庙必跸；老聃云。"

曾子问孔子，古时候出兵，必定要带着"迁庙主"（主为宗庙灵位，周代的太庙之制，中为始祖或太祖，为"不迁"之主，左右三昭三穆，自天子之父、祖、曾祖、高祖、高祖之父、之祖共六代。天子新死，其子继位，则迁新死之天子神主入祀太庙为第六代，而迁原第一代神主入"迁庙"）同行吗？孔子答，天子巡守，带着"迁庙主"同行，将"迁庙主"载于斋车，表示天子也有所尊敬。现在是，天子巡守，带着太祖以下七庙的神主同行，这不对。在正常情况下，天子七庙、诸侯五庙都不会空着而没有神主。只有在天子驾崩、诸侯去世和出奔、在太祖庙里合祭群庙的所有神主的时候，才会庙空而无主。孔子说，他听老聃说过："天子驾崩，国君去世，则由太祝把群庙的神主统统取来藏到太祖的庙里，这是礼当如此。等到下葬并且举行了卒哭之祭以后，再把群庙之主送回各自的庙里。国君逃难出奔,太宰就将群庙的神主取来同行,这也是礼当如此。诸侯在太祖庙里合祭群庙的神主("祫"),就让太祝把其余四庙的神主迎来。凡是迎送神主出庙入庙,一定要清道戒严("跸",古代帝王出行时,禁止行人以清道)。"孔子又一次强调"老聃云",足见老聃在孔子心目中的位置。

《礼记·曾子问》还讲了孔子伴随老子助葬的故事:

> 曾子问曰:"葬引至于堩,日有食之,则有变乎,且不乎?"孔子曰:"昔者吾从老聃助葬于巷党,及堩,日有食之,老聃曰:'丘,止柩就道右,止哭以听变。'既明反,而后行,曰:'礼也。'反葬而丘问之,曰:'夫柩不可以反者也,日有食之,不知其已之迟数,则岂如行哉?'老聃曰:'诸侯朝天子,见日而行,逮日而舍奠。大夫使,见日而行,逮日而舍。夫柩不早出,不暮宿。见星而行者,唯罪人与奔父母之丧者乎!日有食之,安知其不见星也?且君子行礼,不以人之亲痁患。'吾闻诸老聃云。"

曾子问，人死了，抬着这个棺材到了巷子里，日食出现了。那咱们是抬着棺材往前走呢，还是停下？孔子说，我跟着老聃担任乡间丧礼的司仪，到了小巷之中，这个情形出现了。老聃叫孔子别走了，这棺材就搁在道右，看看到底有什么变化，等日食过去之后再行。老聃说，这就是礼。丧事料理完毕，孔子问老聃这么说是为什么。老聃说古代诸侯朝见天子的时候，白天赶路，日头落了就住宿，大夫也是这样，不早出不暮宿。只有两种人"见星而行"：一种人是罪人，另外一种人是奔丧。君子操持礼仪的时候，不能让别人的双亲受侮辱。孔子又一次强调，这是老聃告诉我的。

《礼记·曾子问》还提到了史佚葬子的故事：

> 孔子曰："吾闻诸老聃曰：昔者史佚有子而死，下殇也，墓远。召公谓之曰：'何以不棺敛于宫中？'史佚曰：'吾敢乎哉？'召公言于周公，周公曰：'岂不可？'史佚行之。下殇用棺衣棺，自史佚始也。"

孔子讲，听老聃说，周成王时期，史佚还不到十岁的儿子死了（《仪礼·丧服》："年十九至十六为长殇，十五至十二为中殇，十一至八岁为下殇，不满八岁以下，皆为无服之丧"），墓地又很远。召公把这件事告诉周公，周公允许史佚"用棺衣棺"，这个故事也是老聃讲的。

孔子主张"我欲载之空言，不如见之于行事之深切著明也"（《史记·太史公自序》），这些内容表明老聃给孔子提供了不少鲜活的"礼"的案例。可以想见，作为成周守藏室之史的老聃，在贵族生活中积累了大量礼学实践经验。老聃是礼学行家里手，所以才有孔子问礼之事。

老聃谙熟于礼，这个说法得到了新出土的郭店竹简的印证。郭店本和今本《道德经》在有的地方形成了极大区别："绝智弃卞（辩），民利百倍，绝巧弃利，盗贼亡又（有）。绝伪弃诈,民复季（孝）子（慈）。"（《郭店老子·甲本》）而今天传世本《道德经》第十九章作："绝圣弃智，民利百倍；绝仁弃义，民复孝慈；绝巧弃利，盗贼无有。"是"绝智弃卞"不是"绝圣弃智"，意思是统治者不要那么耍滑头，不要那么狡辩；是"绝巧弃利"，不是"绝仁弃义"；是"绝伪弃诈"，不是"绝巧弃利"。所以老子并没有攻击儒家，只不过是对社会上的恶现象尖锐抨击了下而已,这是一个知识分子的良心。在这一点上,不能说老子和儒家有着多么大的矛盾和冲突。所以这个形象恰恰符合春秋时期老聃的形象。应当说,老子通过"失道而后德,失德而后仁,失仁而后义,失义而后礼"的衰变过程,把形式化的"礼"放置在历史背景中考量,其教育意义发人深思。

《道德经》基于退化史观对人进行规箴训诲。春秋战国的大变革给社会留下了深刻的痕迹。战争的持续、政局的动荡与古代高尚淳厚精神家园的崩溃,使得不少人不得不通过道家的方式摆脱功名权力的纷扰,追求古代的精神风貌。以"小国寡民"的氏族部落为政治蓝图也罢,藐视"社稷主""天下王"也罢,追求与"俗人"迥异的"微妙玄达,深不可识"之境也罢,强调周代意识形态也罢,这些历史信息都是史官所熟知的,成为人们的精神家园。

史官记忆之中保存着大量的历史信息。先民改造世界的能力极其有限,单一的个体脱离氏族部落就难以生存,所以跻身于氏族部落中是先民生存的需要:"同氏族人必须相互援助、保护,特别是在受到外族人伤害时,要帮助报仇。个人依靠氏族来保护自己的安全，而且也能做到这一点。"[1]由此可知在血缘色彩浓重的夏商西周时期，个人不可能脱离氏族部落，比如泰伯、仲雍之奔荆蛮（《史记·吴太伯世家》），微子之出逃（《宋微子世家》）皆举族而迁。这样的行为在当时绝非随便之举，且全族背井离乡，不得不在险恶的新环境下做艰苦卓绝的斗争，并不是值得向往的事情。故这一时期的人们不大可能把遁世作为自己的精神追求。但到春秋以后，社会面貌发生了巨大的改变，铁器牛耕带来农业生产的飞跃，耕作技术的进步、农田的开垦与人口的繁衍，使得自然越发能够被人所驾驭，进而长沮、桀溺、荷蓧丈人等不少人不再视遁世为畏途，出现了"与其从辟人之士也，岂若从避世之人哉"（《论语·微子》）的观念。到战国时期宗法势力愈发衰退，"隐士"已经有着相当的数量。首先，农业生产的进步，造成"隐士"凭借个体劳动就能生存。《孟子·梁惠王上》言"不违农时，谷不可胜食也；数罟不入洿池，鱼鳖不可胜食也；斧斤以时入山林，材木不可胜用也。谷与鱼鳖不可胜食，材木不可胜用，是使

---

[1] 〔德〕恩格斯:《家庭、私有制和国家的起源》，人民出版社，1999年，第89页。

民养生丧死无憾也。"这样人类面对陌生的自然环境就从容许多。其次，统治者顺应趋势普遍推行授田制，出于战争需要，给一家一户的农民授予"一夫百亩"之粮田以及若干桑麻之田。进而遁世有了可依赖的经济条件，《史记·苏秦列传》中苏秦坦言"且使我有雒阳负郭田二顷，吾岂能佩六国相印乎"，《庄子·让王》中颜回对孔子说："回有郭外之田五十亩，足以给飦粥；郭内之田四十亩，足以为丝麻；鼓琴足以自娱；所学夫子之道者足以自乐也。回不愿仕。"稳定的经济收入使得隐士脱离功名权力也能满足衣食之需，推动了"隐逸"成为人们向往的对象。第三，学术下移带来知识的活跃，原先被少数人所垄断的"微妙玄达，深不可识"之境，能够成为平民追求的精神目标。此时各国统治者争夺人才，"士"能够自由地出卖知识与技能，服务于欣赏自己的统治者；能够按自己的意愿徙乡易主，无论是大国还是"小寡"之国，无论华夏还是夷狄，君主都在礼贤下士，呈现出"士无定主"的局面。这给心仪"小国寡民"生存方式的知识分子带来很大希望。

　　学者们都不否认，《道德经》一书有着很浓的史官文化色彩。《说文》云史为"记事者",这是史官的基本责任。但史官的涉及范围非常宽泛,"夫史官者,必求博闻强识、疏通知远之士,使居其位,百官众职,咸所贰焉。是故前言往行,无不识也;天文地理,无不察也;人事之纪,无不达也"(《隋书·经籍志》)。这些要求在中国上古时期更为严格,不仅涉及天文地理人事方方面面,而且要沟通历史与现实。凡档案所载,史官均应职掌谙熟。即便三代以前"小国寡民"的情形到东周史官那里已成为朦胧记忆,但商周时期远离大都邑的"小寡"部族的特点,在史官眼中也应不陌生。史官掌握的不仅有华夏小国的资料,更有人们在经济文化交往过程中所获得的蛮夷部族的资料。商周时期蛮夷华夏犬牙交错,你中有我,我中有你,"夷狄也,而亟病中国,南夷与北狄交,中国不绝若线"(《公羊传》僖公四年),史官不可能不关注这样严峻的形势,《国语》《左传》中就有着大量对上古少数民族的记载。这些"小寡"之国就是上古氏族部落文化制度的活化石。史官掌握典章制度是为了服务现实政治,《道德经》中借助"小国寡民"部落的历史信息,表达了教化人心的现实诉求。

从形式上看,《道德经》已经不是先秦著作常见的语录体,而是散文体,甚至在某些段落上还用韵,表现出作者的精雕细琢;而五千言在古代经典中并不算长,每章朗朗上口,颇似格言,这些都有利于道家思想的传播。很耐人寻味的是,《韩非子》中《喻老》《解老》两篇,针对《道德经》讲述了大量历史故事。这是韩非本人的理解或者附会,还是当时思想家都习惯于用故事来阐释老子?如今已不得而知,但说《道德经》的诸多格言来自大量历史经验,是在历史经验中寻求规律,而不是面壁空想,当不为过。

三、《春秋事语》与历史教育

湖南省长沙市马王堆汉墓出土了大量举世瞩目的帛书文献,《春秋事语》是其中的一种,由于在墓中的保存情况不佳,它的前部损缺比较严重,后部相对完整。该书现存16章,97行,约2000余字,原无篇题;每章各记一事,不相连贯,既不分国别,也没有纪年,如鲁隐公被弑、齐使公子彭生杀鲁桓公、鲁公子庆父弑君、宋襄公泓水之战、子赣见太宰、秦杀大夫绕朝等。所记主要为春秋时期史事,文字有的与《左传》相合,但议论不同;也有一部分为《左传》所未载。时间段上起鲁隐公被杀,下迄三家灭智氏,内容与《左传》有着密切的联系,但该书风格与《左传》也有很大不同,记事很简略,重在记贵族之言。专家依据书法由篆变隶的特征,以及该书中不避"邦"字之讳的现象,认定该书的抄写年代当在汉以前,乃至更早。

马王堆汉墓帛书《春秋事语》自公布以来,引起了学术界的广泛关注。学者们围绕其文字释读、性质、成书时代、与《左传》的关系等一系列问题展开深入的讨论[1],创获颇丰;尤其论及《春秋事语》重议论,

---

[1] 代表性的研究成果有:(一)关于《春秋事语》文字释读。马王堆汉墓帛书整理小组:《马王堆汉墓出土帛书〈春秋事语〉释文》,《文物》1977年第1期;马王堆汉墓帛书整理小组编:《马王堆汉墓帛书(叁)》,文物出版社,1983年;裘锡圭主编:《长沙马王堆汉墓简帛集成(叁)》,中华书局,2014年;郭永秉:《〈春秋事语〉(一至四章)新释文与注释》,《湖南省博物馆馆刊》2013年第10辑。(二)关于《春秋事语》主题、特点的研究。裘锡圭、唐兰等:《座谈长沙马王堆汉墓帛书》,《文物》1974年第9期;张政烺:《〈春秋事语〉解题》,《文物》1977年第1期;吴荣曾:《读帛书本〈春秋事语〉》,《文物》1998年第2期;郑良树:《〈春秋事语〉校释》,《竹简帛书论文集》,中华书局,1982年。(三)关于《春秋事语》与《左传》《管子》《国语》等文献的关系。李学勤:《帛书〈春秋事语〉与〈左传〉的传流》,《古籍整理研究学刊》1989年第4期;徐仁甫:《马王堆汉墓帛书〈春秋事语〉和〈左传〉的事、语对比研究——谈〈左传〉的成书时代和作者》,《社会科学战线》1978年第4期;骈宇骞:《帛书〈春秋事语〉与〈管子〉》,《文献》1992年第2期;王莉:《〈春秋事语〉研究二题》,《古籍整理研究学刊》2003年第5期;刘伟:《马王堆帛书〈春秋事语〉性质论略》,《古代文明》2010年第2期。(四)关于《春秋事语》的史学观念。罗新慧:《马王堆汉墓帛书〈春秋事语〉与〈左传〉——兼论战国时期的史学观念》,《史学史研究》2009年第4期。本文《春秋事语》引文出自马王堆汉墓帛书整理小组编《马王堆汉墓帛书(叁)》(文物出版社,1983年),下同。

属于上古时期"语"文体,更是切中要害。但至于《春秋事语》背后的史官制度,及其所反映的历史教育信息,似乎仍有研究和探讨的余地,故此为文。

(一)《春秋事语》应是《左传》之前贵族教育的文献

不少专家注意到,《春秋事语》与《左传》相似,故认为《春秋事语》沿袭《左传》而来。比如裘锡圭先生鉴于《史记·十二诸侯年表》所载左丘明的传人"铎椒为楚威王傅,为王不能尽观《春秋》,采取成败,卒四十章,为《铎氏微》",认为《春秋事语》是《汉书·艺文志》春秋家中《铎氏微》一类的书。[1] 李学勤先生也主张,《春秋事语》将《左传》文字简化归并,本于《左传》而兼《谷梁》,属于早期《左传》学的正宗产品,为《左传》非伪作说提供了佐证。[2] 但也有学者持不同意见,唐兰先生认为《春秋事语》是不属《左传》系统

---

[1] 裘锡圭、唐兰等:《座谈长沙马王堆汉墓帛书》,《文物》1974年第9期。
[2] 李学勤:《帛书〈春秋事语〉与〈左传〉的传流》,《古籍整理研究学刊》1989年第4期。

的另一种古书，可能是《汉书·艺文志》中所说的《公孙固》十八章。[1] 刘伟先生认为，《春秋事语》与《国语》编撰主旨和撰构手法不惟形似，亦具有神似之处，《春秋事语》极有可能是古本《国语》的一种选本。[2] 诸家的看法差别颇大，但都发现《春秋事语》和《左传》等文献存在很大的相似度，又依据《史记·十二诸侯年表》《汉书·艺文志》若干文献中战国学者传述《春秋》或其他历史知识的记载，认为《春秋事语》是选本。这样来看，《春秋事语》之所以成为选本，无论是《铎氏微》还是《公孙固》，都和《左传》的传授有关，自然属于历史教育的重要内容。

但若干文献有相似度只能说明，这些文献可能存在共同的"源"，恐怕不能判定谁前谁后。并且依据学者们多年的研究，《左传》《国语》的写定已经到了战国时期；如果《春秋事语》是它们的选本，则《春秋事语》的写定必然在战国以后。但这种说法似乎并不合理，《春秋事语》反映出比《左传》《国语》材料更为原

---

[1] 裘锡圭、唐兰等：《座谈长沙马王堆汉墓帛书》，《文物》1974年第9期。
[2] 刘伟：《马王堆帛书〈春秋事语〉性质论略》，《古代文明》2010年第2期。

三、《春秋事语》与历史教育

始的特征。赵光贤先生曾指出,《国语·楚语上》记申叔时的话,在对太子进行教育的教材里有"语"和"志",一者记言,一者记事,《左传》记事中很大一部分内容取自"语"和"志"。[1] 赵先生的推论很有道理,《春秋事语》或类似文献[2]完全可以是《左传》的来源。而这样的文献在《左传》之前出现,旨在通过历史片段教导贵族守"礼",同样是上古时代史官进行历史教育的产物。笔者在赵先生的基础上详申述之:

其一,战国时人把春秋故事删削成《春秋事语》的目的何在?张政烺先生说:"这样的书当是儿童读本,讲些历史故事,学点语言,为将来进一步学习《春秋》《世》《语》等等作准备。"[3] 说它是"儿童读本"是有问题的。如果《春秋事语》真是令学生学习的读本,

---

[1] 赵光贤:《〈左传〉编撰考(下)》,《古史考辨》,北京师范大学出版社,1987年,第181页。

[2] 《春秋事语》与《左传》相似度很大,一系列迹象表明《左传》应在《春秋事语》之后出现。是《左传》借鉴了《春秋事语》,还是《春秋事语》的同"源"文献?现有资料难以回答。如果说《左传》借鉴了《春秋事语》的同"源"文献的话,那么这部同"源"文献则应该包括《春秋事语》的绝大多数内容,《春秋事语》可以视为它的某一篇章。出于对行文方便的考虑,本文称《春秋事语》,也包括《春秋事语》的同"源"文献,下不赘述。

[3] 张政烺:《〈春秋事语〉解题》,《文物》1977年第1期。

则应做到两点：一是情节生动，有充分的可读性；二是说理简明扼要，寓善恶存褒贬于叙事。这样才能使得读本易于被学生接受，后世如吕祖谦为诸生课试之作的《东莱博议》、张居正为万历皇帝编纂的《帝鉴图说》，皆摘取典籍之中寓善恶存褒贬的生动文字，并在文选之后加上编纂者恰如其分的按语。但《春秋事语》并不如此。一方面它只交代非常简略的事件梗概，仅何人何事，明显缺乏生动性；另一方面，通过嵌入评论人的点评表达编纂者意图，这些评论颇为深奥费解。所以《春秋事语》的受众，应不是儿童。郭永秉先生指出，《春秋事语》各章内容大致意在教给读者历史上人君、贵族的成败经验教训，特别侧重于因失德、失言或不讲究策略计谋而招致祸端甚至导致灭亡的教训，并无明显的编辑体例[1]，这是合于实际的看法。从春秋时代的历史背景来看，事实上郭先生所说的重德、不失言、讲究进退策略，就是周代的"礼"，如：《春秋事语》之《伯有章》中闵子辛谓："吾闻之，□□事君无罪，礼下无愬（怨），议贤让能，同立（位）之

---

[1] 郭永秉：《〈春秋事语〉（一至四章）新释文与注释》，《湖南省博物馆馆刊》2013年第10辑。

三、《春秋事语》与历史教育

人弗与□，□德守也";《宋荆战泓水之上章》中士匽谓:"诸侯失礼，天子诛之，兵□□□也";《鲁桓公与文姜会齐侯于乐章》中鲁人谓:"礼成而不反(返)，恶【于】诸侯，无所归愬(怨)"。要之，春秋时代虽然有礼坏乐崩的现象，但不少人还把"礼"看作约束贵族行为的、天经地义的法则；到战国时这种观念才出现显著的瓦解，正如顾炎武所说"春秋时犹尊礼重信，而七国则绝不言礼与信矣"(《日知录·周末风俗》)[1]。《春秋事语》恰与之吻合，一个非常鲜明的目的就是要教育贵族"知礼"；其受众，也不应该只限于儿童，而是数量庞大的受教育贵族群体。[2] 其手抄本在马王堆汉墓中出现，墓主人是轪侯家族，也能说明这一点。

其二，各家都注意到《国语·楚语上》中申叔时与楚王言对太子"教之'语'，使明其德，而知先王之务用明德于民也"的记载，这则说明当时"语"在楚国贵族教育中很重要。从申叔时的话中可以看出，这类

---

[1] 〔清〕顾炎武著，〔清〕黄汝成集释:《日知录集释》，上海古籍出版社，2006年，第749页。

[2] 《国语·楚语上》中申叔时说给太子教授《语》等诸多文献，也未否定其他贵族可以学《语》；况且太子能读数量庞大的一系列文献，说明年龄不应太小。

文体的著作数量是非常大的，而且在楚国用"语"等文献对贵族进行教育已然是常制，其他诸侯国也应该有类似的做法。既然如此，那么《春秋事语》完全可以是《左传》等大部头史著的原始材料；换言之，当时一系列"语"或者"事语"都充当了历史教育载体的角色。

其三，《春秋事语》在语言和编纂上都体现出很大的原始性，如果我们把它视为春秋后期战国前期贵族历史教育的讲稿，这样的现象就容易理解。《春秋事语》每章各记一事，其中无明显的逻辑关系。张政烺先生说它"分量轻，文章简短，在编辑体例上也乱七八糟"，这是有目共睹的。如果拿《春秋事语》与《左传》一致的内容进行文句比较的话，不难发现《春秋事语》文句粗糙，它应是贵族保傅随机笔录而成；《左传》经过作者仔细的打磨润色，情节也更为生动，不能不说是后出转精。如果流畅生动的《左传》在前，相对粗糙的《春秋事语》在后，《春秋事语》作为《左传》的文选，则非常不合情理。值得注意的是，《鲁庄公有疾章》言"五月，公薨，子般即立(位)，公子庆父杀子般而立公子启方"。据《左传》及《史记·鲁世家》记载，鲁

三、《春秋事语》与历史教育

庄公并非薨于五月,而是八月,日在癸亥。查《三千五百年历日天象》,鲁庄公三十二年为公元前662年,夏正五月辛酉朔,公历4月11日,第三日为癸亥;八月己丑朔,公历7月9日,无癸亥。则鲁庄公之死应为五月,可见《春秋事语》是夏正,而《左传》应是周正。如果说《春秋事语》是《左传》选本,完全没有必要更改历法。最可能的是,作为原材料的《春秋事语》用了和《左传》不同的历法,到《左传》这里进行了统合。[1]

其四,先秦史著从前叙事体发展到叙事体,是一个很明显的历史趋势,历史教育的范本也不例外。晁福林先生指出,三代传统史学的以问题为导向的说理范式,转向以叙事为中心的新范式。在这个范式下,《左传》可以说是那个时代最具代表性的作品,而《国语》一书则保留着较多的传统史学范式的痕迹[2],可谓切中肯綮。这样的趋势经历了漫长的发展过程,《尚书》

---

[1] 《左传》中不乏统合历法的例子。王和先生指出,左氏是鲁人,鲁用周正,故他于编辑《左传》时把取自别国的史料亦改为周正。但有时或者由于疏漏,或者由于难于改动,往往改之不尽,留下了史料出处的痕迹。见王和:《〈左传〉材料来源考》,《中国史研究》1993年第2期。

[2] 晁福林:《从上博简〈武王践祚〉看战国时期的古史编撰》,《史学理论研究》2011年第1期。

中如周初八诰,《逸周书》中如《世俘》《度邑》等一些可靠的记载,以及《诗经》中所保存的诸多商周史诗,都被学者们公认为研究商周历史的真实资料。但这些内容带有很大程度的明德明理的教育功能,编纂者力图通过历史经验的总结,表达借鉴过往、对人规箴的现实目的,这和后代严格意义上的史学著作还有比较大的距离。不难发现,《诗经》《尚书》《国语》等资料中历史信息的考察并不严格,时间、地点、人物等因素不求精确,历史信息旨在为说理服务,为了说理可以增删内容,甚至像《国语》不少段落还能从史官的角度润饰史实。[1] "历法久则必差,推步后而愈密,前人所以论司天也,而史学亦复类此"(《文史通义·书教下》)[2],随着社会的发展,当时间、地点、人物、情节等历史信息精确的史著成为时代需求,像《春秋》经传为代表的有明确历史意识的典籍就应运而生。人们以《春秋》作为传达意识形态的重要载体,孟子所谓"王者之迹熄而《诗》亡,《诗》亡然后《春秋》作;

---

[1] 沈长云:《〈国语〉编撰考》,《上古史探研》,中华书局,2002年。
[2] 〔清〕章学诚撰,叶瑛校注:《文史通义校注》,中华书局,2014年,第60页。

晋之《乘》，楚之《梼杌》，鲁之《春秋》，一也"[1]，应该就有这一变化的些许影迹。"分量轻，文章简短，在编辑体例上也乱七八糟"的《春秋事语》，就是前叙事体史著的典型代表之一。

其五，《春秋事语》存在若干《左传》没有的史事，说明贵族历史教育的范本和《左传》并不十分吻合。残损较为严重的《燕大夫章》不见于任何文献，《韩魏章》类似《战国策·赵策一》首篇《智伯从韩魏兵以攻赵》。另外，《晋献公欲得隋会章》中晋臣用间谍诬陷秦臣晓朝，晓朝被秦君所诛杀的内容，不见于《左传》，而见于《韩非子·说难》；《齐桓公与蔡夫人乘舟章》有士说指出蔡人"今听女辞而嫁之"的情节，也不见于《左传》等其他文献。可见《春秋事语》和《左传》的故事来源并不一致。按常理，既然是选本就不应该存在原书中没有的信息，而我们又没有证据证明战国时写定的《左传》流传到今天有不少内容亡佚。最好的解释是，《左传》基于《春秋事语》等一系列文献有所遴选。

---

[1] 李学勤主编：《孟子正义》，《十三经注疏（标点本）》，北京大学出版社，1999年，第226页。

此外,《春秋事语》还具备许多早于战国时期的特征。比如,《春秋事语》第十六章中,绝大多数内容都可以和《春秋》经传的史事相对应;其文字简短古朴,和战国诸子精工于语汇修辞的做法截然不同;所述的故事,也比较平实,无诡怪离奇的情节,与战国诸子书中的传说故事有别;当事人的对话与评论者的点评,也就事论事、鞭辟入里,与《战国纵横家书》中纵横家人物的汪洋恣肆、侃侃而谈的风格迥异,和《左传》里那些长篇大论的对话也不同。以上这些,都能说明《春秋事语》的时代很可能早于写定《左传》等文献的战国时期。它恰能反映先秦贵族历史教育面貌的一些特点。

(二)《春秋事语》应属于对贵族进行教育的 "简"书

如果说《春秋事语》是《左传》之前的作品,那么它出现的意义何在?张政烺先生认为,《国语·楚语上》中申叔时主张对太子"教之'语',使明其德,而知先

三、《春秋事语》与历史教育

王之务用明德于民也",这在春秋时期的书籍中是一种固定的体裁,称为"语"。语,就是讲话。语之为书既是文献记录,也是教学课本。[1]俞志慧先生基于《春秋事语》、慈利楚简《吴语》、上博简等出土文献,进一步指出,"语"是一种古老的文类,是古人知识、经验的结晶和为人处世的准则,是当时人们的一般知识和共同的思想、话语资源;其体用特征是"明德",这是它区分同时期其他的文类的身份证明。因而,只要是围绕这种体用特征编选的,不论其篇幅长短,也不论是重在记言,还是重在叙事,都可称之为"语"。[2]按照这种理解,《春秋事语》应该是春秋时期贵族"明德"教育的范本,并且《春秋事语》中也有大量教导贵族明德明礼的内容。但是,先秦典籍对某一概念的定义,未必是严格的本质性定义,很有可能是描述性定义。比如正如申叔时所说,"春秋"是为了"耸善而抑恶焉,以戒劝其心";"世"是为了"昭明德而废幽昏焉,以休惧其动";"诗"是为了"导广显德,以耀明

---

[1] 张政烺:《〈春秋事语〉解题》,《文物》1977年第1期。
[2] 俞志慧:《语:一种古老的文类——以言类之语为例》,《文史哲》2007年第1期。

其志";"处"是为了"知上下之则";"乐"是为了"疏其秽而镇其浮";"故志"是为了"知废兴者而戒惧焉";"训典"是为了"知族类,行比义焉"。[1] 我们很难说"耸善而抑恶""知上下之则""知废兴者而戒惧""知族类,行比义"不属于"明德",况且申叔时也明确说"世"要"昭明德"、"诗"要"导广显德",则"明德"一定不是"语"的本质性特征。正如王青先生指出,先秦时期许多文体都或多或少地与"明德"有关系,"语"文体的最初形式就是简单说理性的语言记录,正是因为这种特定的形式,它才会被称作"语",其内容偏重在"记言"。[2] 这一看法切中"语"的特征,为我们思考《春秋事语》提供了很大帮助,但是我们仍会问,"记言"的"语"的意义何在？窃以为《春秋事语》是古人曾经提及过的"简"书,其中有记事的部分("事"),更有相当内容是记言("语")。这些内容,就应是《左传》一类以事解经文献的基础,是先秦贵族开展历史教育

---

[1] 徐元诰撰,王树民、沈长云点校:《国语集解》,中华书局,2002年,第486页。
[2] 王青:《上博简〈曹沫之陈〉疏证与研究》,北京师范大学出版社,2017年,第348—350页。

三、《春秋事语》与历史教育

的原始载体。

古人又有"简策"之说,见《左传》晋杜预注、唐孔颖达疏等文献。杜预《春秋经传集解序》指出:

> 大事书之于策,小事简牍而已。[1]

各国史官对大小事的处理不同。孔颖达对此的解释是,纵然文献中有字少书简,字多书策的说法,但"此言大事小事,乃谓事有小大,非言字有多少也。大事者,谓君举告庙及邻国赴告,经之所书皆是也;小事者,谓物不为灾及言语文辞,传之所载皆是也"[2]。孔颖达此说得之,此处简策之别应该是两种性质不同的记录方式,绝非字数之别。按《左传》隐公十一年记载,冬十月,郑伯率领虢师伐宋;壬戌,大败宋师,报复宋人入郑之仇,但这些内容《春秋》经不记载。于是《左传》作者解说:"宋不告命,故不书。凡诸侯有命,告

---

[1] 李学勤主编:《春秋左传正义》,《十三经注疏(标点本)》,北京大学出版社,1999年,第8页。

[2] 孔颖达又言大事先书于简,后定于策,以"南史欲书崔杼,执简而往"以及"董狐既书赵盾,执简而示之"为例。事实上古人许多概念都是对言有异,散言不别,概念使用起来不是那么严格。

则书,不然则否。师出臧否,亦如之。虽及灭国,灭不告败,胜不告克,不书于策。"[1] 对此杜预注曰:

> 命者,国之大事政令也。承其告辞,史乃书之于策。若所传闻行言,非将君命,则记在简牍而已,不得记于典策。此盖周礼之旧制。[2]

大意是说,之所以《春秋》经与《左传》之间出现内容上的不一致,是因为古代史官拥有两个不同的记录系统。如同杜预所说,一个是"承告",一个是"传闻"。"承告"的内容是"国之大事政令",即按照官方的制度,本国史官到外国通告其国内已发生的事件;"传闻"则是弥补"承告"的不足,记录的是"非将君命"的内容,即以史官自己的途径对历史的补充,会包含史官对事件的解读,囊括事件的原因、过程、结局,乃至史官的价值观,它是一种非官方的形式。"承告"

---

[1] 李学勤主编:《春秋左传正义》,《十三经注疏(标点本)》,北京大学出版社,1999年,第129页。
[2] 李学勤主编:《春秋左传正义》,《十三经注疏(标点本)》,北京大学出版社,1999年,第129页。

三、《春秋事语》与历史教育

为官方制度的产物,所以记录在正式的"策"书上;"传闻"是非官方的记录,用"简"书来表达,两者不仅载体不同,而且有着质的区别。宋人魏了翁曾说到这两种文献的不同:"经据策书,传冯简牍,经之所言其事大,传之所言其事小,故知小事在简,大事在策也。"[1] 清人毛奇龄的《春秋毛氏传》也明确将古史书分为简、策两类。[2] 如果说,先秦史官有"君命"、非"君命"两类不同的资料来源与记录方式,当无大碍。

---

[1] 〔宋〕魏了翁:《春秋左传要义》卷首,文渊阁四库全书本,上海古籍出版社,1987年。

[2] 但毛奇龄观点与以上相反。他基于崔杼弑君,南史书执简而往等例,言《春秋》为简书,《左传》为策书,认为杜预所说的"大小"即字数多少。(见〔清〕毛奇龄:《春秋毛氏传》卷8,文渊阁四库全书本,上海古籍出版社,1987年。)事实上毛说不确。其一,《四库全书总目提要》继承了孔颖达的说法,主张《经》《传》中"简""策"二字,并无定名。"故崔杼之事南史氏执简,而华督之事称名在诸侯之策,其文互见。奇龄乃以简书、策书为《经》《传》之分,亦为武断。"(见《四库全书总目》卷29,文渊阁四库全书本,上海古籍出版社,1987年。)此即文献中常见的散言不别。而杜预说的"大事书之于策,小事简牍而已",则是文献中的对言有异。其二,这里的"大小"并非字数多少,杜预说"大事书之于策"之后才说"小事简牍而已",则次序应该是先经而后传。如果像毛奇龄所说《春秋》为"小事"简书、《左传》为"大事"策书的话,则杜预的语序就成了先传后经,有悖于常理。杜预的"大小"应还是就重要性而言,反映了两类性质不同的记录方式。

之所以说《春秋事语》是先秦史官的"简"书,是因为几点:

第一,《春秋事语》大量文字和《左传》惊人相似,如果像魏了翁所说"经据策书,传冯简牍",那么《春秋事语》同样应该是"简"书。只不过"简"书是一个庞大的"所言其事小"家族罢了。

第二,《春秋事语》把"事"和"语"合一,交代出事件的来龙去脉,蕴含了作者重德崇礼的价值观,可以看出这是经过作者的精心编纂的。这就是杜预所说的"非将君命"的"传闻行言",即由史官个人完成的、编纂得比较缜密的史学作品"简"书。即便说各诸侯国像《春秋》一样的大事记"策"许多内容近似,但各国史官也会有各式各样的"简"书,因为这和史官个人的信息渠道以及知识结构相关。而《国语》中申叔时言对楚太子"教之'语'",也能从一个侧面说明这类"简"书是一类数量众多的文献。

第三,《春秋事语》现存 16 章,每章着重记载的是贵族生活的某些有因有果比较具体的细节,绝非《春秋》经一类的大事梗概。尤其是所记之言,不是主人公不采纳的劝告,就是事后诸葛一样的评论,基本对

三、《春秋事语》与历史教育

事态发展没有产生太大的作用。这应是史官个人道听途说的"传闻"记录（乃至于史官比较合理的想象），符合杜预所说的"小事简牍而已"的标准，属于"传闻行言，非将君命"的范围。

要之，《春秋事语》约2000余字，规模虽然远不及18万字且编纂缜密的《左传》，但所记史事，上起鲁隐公被杀，下迄三家灭智氏，文字内容和时间跨度与《左传》相仿，仿佛已初具《左传》体系与规模，也应有其编纂的思路。不难想象，《左传》是在包括《春秋事语》等众多小部头"简"书基础上编纂而成的鸿篇大"简"。以《左传》为代表的史学著作，成为今天了解春秋时代历史与上古文化制度的重要依据，而《春秋事语》则是出于教化的目的，试图通过若干历史场景中贵族的对话来说明贵族守"礼"的必要性，两者的侧重点不同。

（三）《春秋事语》的形成过程

既然《春秋事语》作为先秦的"简"书，那么它一定经历了史官的加工整理。清代学者章学诚在《文史通义·书教下》中,把史著分成了"记注"和"撰述"两类:"记注欲往事之不忘,撰述欲来者之兴起,故记注藏往似智,而撰述知来拟神也。"[1]

这虽然是清儒的观点,但很能说明先秦史家的问题。"记注"近似于国家政令的原始记录,如实地保存了古代的历史信息,"藏往欲其赅备无遗,故体有一定",类似于书法严格的《春秋》经一类的"策"书;"撰述"国家政令,带有史官的加工整理,"知来欲其决择去取,故例不拘常",反映出史官个人的知识结构与价值观念,发挥教化人心的作用,类似于《春秋事语》《左传》一类悉心编纂的"简"书。章学诚言"诸史皆掌记注",而把史官个人的记事笔记经过加工,才是属于"撰述"的"简"书。那么它如何"决择去取""例不拘常",从而发挥史学的教育作用,是值得人们研究的话题。窃以为,人们能够依据现有资料梳理其形成过程。

其一,史官势必掌握大量"记注"。这些"记注"来自原始资料,可以分为两类:一类如《春秋》经那样

---

[1] 〔清〕章学诚撰,叶瑛校注:《文史通义校注》,中华书局,2014年,第58页。

三、《春秋事语》与历史教育

大事记性质的国家档册（即"大事书之于策"），由历代任职史官接续书写，是正式的国史。它记事非常简略，具有世代相传的严格的书法规则，避讳甚多，即后人所谓的微言大义。另一类史书是史官个人的记事笔记。史官的笔记来源于史官的个人渠道，重在前因后果，用来弥补大事记的不足。故每当一件事情发生以后，史官一方面依照一定的书法把它简略地记入国史，另一方面则把详细的经过记入自己私人的记事笔记。[1]这种笔记一定是史官日常工作的一部分，否则大事记无法卒读，亦不可能发挥史学的箴规教诲作用。《春秋事语》中也存在这种史官私人笔记的痕迹，为贵族教师完整描述事件所必需，有两种类型：

一种是简要的叙事，这应是当时各国史官的共识，谁都可以笔录下来。比如《燕大夫章》在篇首简要交代燕国侥幸胜晋而庆贺的背景，之后就是子车的居安思危之语；《韩魏章》与《战国策》《韩非子》等文献不同，虽写智伯与韩赵魏三家的斗争，但并没有张孟谈与三家密谋的离奇的情节，仅仅是交代水淹晋阳之后

---

[1] 王和：《〈左传〉材料来源考》，《中国史研究》1993年第2期。

智赫的厉害分析;《吴伐越章》对吴人把越民刑为阉人守周的事件交代得很简略,与《左传》的文句很吻合。像这三章叙事的情节平实简短,未掺杂过多猜测演绎,这些内容应是依据"传闻行言"的记录,被贵族教师看到并加以引用。

另外一种是叙事比较复杂,但又不能否定其情节的真实性,一种可能是《春秋事语》作者取自各国史官的笔记,另一种可能是合理性的演绎。《鲁桓公少章》记载,鲁惠公嫡子桓公年少,其庶兄隐公代摄,公子翚建议隐公:"胡不代之?"但"隐公弗听,亦弗罪"。这样的宫廷密语,一定不为人知,应系演绎。《晋献公欲袭虢章》叙述了在晋灭虢、虞战事之前,晋国君臣对虞国的政治局势进行剖析,晋献公担心宫之柯是灭虢的障碍,臣子认为宫之柯人微言轻,不足为惧。灭虢、虞之役是晋国史上的大事,这样的文字由晋国国君身边的史官记录下来,应是符合情理的。其中,宫之柯也曾劝谏虞君"夫晋之使者敝(币)重而辞庳(卑)"之语,在晋伐虞之前晋国史官不可能听到,应是灭虞之后,晋国史官依据的补记。《吴人会诸侯章》记载吴人会诸侯,卫君后至,"吴人止之",子赣(贡)

三、《春秋事语》与历史教育

见太宰喜（嚭）说以利害关系，吴人遂作罢。子贡作为孔门弟子中在列国之间纵横捭阖的人物，在春秋历史上留下蛛丝马迹，并不为怪。关键是，子贡对太宰嚭的话，他人如何听得？这些话，卫国人听不到，因为卫君一干人等均被排斥在会盟之外；如果是太宰嚭事后告诉他人，可能性也不大，因为讲述此事明显是在彰显太宰嚭的过失。有可能是子贡在事后告人，被鲁国史官记录下来。值得注意的是，《春秋》经隐公十一年、僖公二年说的是"冬十有一月壬辰，公薨""虞师、晋师灭下阳"，这是微言大义的《春秋》笔法，人们势必要结合《春秋事语》《左传》铺陈的事实，春秋笔法才有意义。[1]《春秋》经哀公十二年说的是"公会吴于橐皋"，这与子贡太宰嚭的对话相参看，不难发现子贡太宰嚭的对话是和哀公随行的鲁国史官所记。这都能说明各国史官笔记的真实性：这些内容合乎情

---

[1] 李学勤主编：《春秋左传正义》，《十三经注疏（标点本）》，北京大学出版社，1999年，第121、323页。《鲁桓公少章》及《左传》隐公十一年言，隐公不采纳公子翚把桓公取而代之的建议，公子翚惧，倒向桓公，杀隐公。《晋献公欲袭虢章》及《左传》僖公二年说的是晋献公对虞假途灭虢，后灭虞。与之相比，我们就能看出《春秋》经言"冬十有一月壬辰，公薨""虞师、晋师灭下阳"有对当事人讽刺的微言大义在内。

理，为事件发展所必需，可知《春秋事语》的作者不仅听到了"传闻行言"，也见到了他国史官的笔记，为贵族教育的开展做了铺垫。

其二，史官势必要在"记注"中遴选，这是贵族教育的关键一环。《春秋事语》仅存16章，字数约为《左传》的1%，但已经从鲁隐公被杀，写到三家灭智氏，横跨春秋史。则这16章一定有代表性。郭永秉先生言，《春秋事语》交代了历史上人君、贵族的成败经验教训，特别侧重于因失德、失言或不讲究策略计谋而招致祸端甚至导致灭亡的教训。[1]前文已说，此即周代之"礼"。《左传》庄公二十三年曹刿谏鲁庄公观社："夫礼，所以整民也。故会以训上下之则，制财用之节；朝以正班爵之义，帅长幼之序；征伐以讨其不然。诸侯有王，王有巡守，以大习之。非是，君不举矣。君举必书，书而不法，后嗣何观？"[2]言史官通过记录国君行为，来引导国君合乎"礼"。由此可知，《春秋事语》

---

[1] 郭永秉：《〈春秋事语〉(一至四章)新释文与注释》，《湖南省博物馆馆刊》2013年第10辑。

[2] 李学勤主编：《春秋左传正义》，《十三经注疏（标点本）》，北京大学出版社，1999年，第276页。

三、《春秋事语》与历史教育

最重要的遴选标准,就是通过违"礼"而亡的"书而不法"的反面教训,来教化贵族知"礼"守"礼"。

另外,如果和《左传》相比,不难发现,《春秋事语》摒弃了许多离奇的情节,这也很可能是出于对贵族教学的考虑。王和先生指出,《左传》原书主要由两部分材料组成,一是取自春秋时期各国史官的私人记事笔记,可视为当时的史官实录;二是取自流行于战国前期的、关于春秋史事的各种传闻传说,往往《左传》里那些长篇大论的对话,多属于此。就后者而言,有些事情虽有一点史影,但已大大失真;还有另外一些面目全非的,则根本不可凭信。[1] 流行于战国前期的、关于春秋史事的各种传闻传说,事实上已经在贵族中口耳相传很久,这些内容情节生动,也属于"传闻"。包括《左传》中吕相绝秦、魏绛和戎、季札观乐等长篇政论,过于细致流畅,恐为传承者所托。《春秋事语》未曾采纳这样的辞令,体现了贵族历史教育的朴实叙事风格。

其三,史官在遴选"记注"之后,突出文本中比

---

[1] 王和:《〈左传〉材料来源考》,《中国史研究》1993年第2期。

重很大的"语",尤其是带有预言性的核心之"语",它们是教育贵族守礼的中心环节。《春秋事语》中的核心之"语",按照内容大体可以分为三类。第一种是事后的评论,这种言论基本可视为盖棺定论,包含了主人公的是非曲直,对事态的发展已无任何作用。如《杀里克章》虽残,但能看出只有第一句交代梗概,下面所有话都是对晋惠公忘恩负义、众叛亲离的批评。第二种是当事人对主人公的规劝,因为主人公的行为已经出现明显的不妥或是错误,行将给自己带来灾难;但往往主人公并没有采纳这种规劝,最终酿成悲剧。如《燕大夫章》在篇首简要交代燕国侥幸胜晋而庆贺的背景,之后就是燕大夫之弟子车的居安思危之语,子车之语不被采纳,最终燕国蒙难。《伯有章》中,郑国执政大夫伯有和贵族公孙黑(子皙)交恶,闵子辛指出,居高位者应"事君无罪,礼下无怨,议贤让能",不应和同僚剑拔弩张,伯有不听,最终被杀。第三种是穿插在事件发生过程中的预言,预言的讲述者有可能是当事人,也有可能和主人公没有太大联系,只是对事件道听途说,一语成谶。《宋荆战泓水之上章》中,宋襄公认为"君子不击不成之列,不重伤,不擒

三、《春秋事语》与历史教育

二毛",士匄指出"兵有三用",并且"上下无隙然后可以济""伐,深入多杀者为上,所以除害也",宋襄公不听,故败绩。其中士匄恐怕和宋襄公没有直接的联系,只是对事情有感而发罢了。

值得注意的是,《春秋事语》中的核心之"语",有别于《左传》的"君子曰"以及《公羊传》的点评,绝非空洞的道德评论;而是基于失败教训,设身处地的、带有很强的现实性的经验总结。《齐桓公与蔡夫人乘舟章》记载蔡夫人荡舟,齐桓公"怒而归之",但并未与蔡夫人决断,"蔡人嫁之"。士说预言:"蔡其亡乎。夫女制不逆夫,天之道也。事大不报怒,小之利也。"士说设身处地从蔡国的利害关系分析,言"小邦"事"大邦"要"养之以□好,申之以子□,重以……",批评蔡国不遵循以小事大的规矩,招致齐国之怒。并且"今听女辞而嫁之,以绝齐,是□怨以□也"。这里的"女辞",可能是蔡夫人之辞,蔡夫人被休回家,任性使气,让母家把自己另嫁他国,激怒齐桓公侵蔡。在春秋列国逐鹿的进程中,人们关注的是晋楚大国的动向,《左传》对郑国的骑墙态度也有不少描述,但极少从蔡国的角度分析历史发展。士说之言,代表齐桓公时蔡人的看法，由此也可见贵族教师的独特视角。

《宋荆战泓水之上章》中士匄指出，"兵有三用"，也就是三点军队调动的合理性：一是"邦治适（敌）乱"，二是"小邦口大邦，邪以（攘）之"，三是"诸侯失礼，天子诛之"。而宋襄公发动战争的目的与此并不吻合。士匄还认为"上下无卻（隙）然后可以济""伐，深入多杀者为上，所以除害也"，这是克敌制胜战术；"以逆使民"，是战争失败的原因。这里士匄考虑问题很现实，迥异于《公羊传》对"礼"的空洞鼓吹[1]。商周时期即便战事以"礼"约之，讲究信义，也不可能不考虑用兵的合理性、克敌战术等现实因素。如果撇开了这些因素而探讨"礼"，对于当事人而言无疑是缘木求鱼（宋襄公是为泓水之战的失败责任开脱，《公羊传》则旨在标榜儒家的伦理观念，均非实事求是）。相比之下，士匄之言更接近当时的实际情理。

《鲁庄公有疾章》中，庆父杀子般，立公子启方，召公子侑，"公子侑俱入"。闵子辛对此评论，"君以

---

[1] 士匄观点略似《谷梁传》，《谷梁传》僖公二十三年言宋襄公"以其不教民战，则是弃其师也。为人君而弃其师，其民孰以为君哉！"《谷梁传》只是站在"民"的立场上批评宋襄公，也没有设身处地分析宋襄公应当如何作战。

逆德入，殆有后患"。这一段评论非常晦涩，但可以肯定，闵子辛这里不是批评庆父，而主要是对公子牙颇有微词。庆父之乱在鲁国历史上是大难，后世把庆父作为乱臣贼子，把公子牙看作救世之臣，而闵子辛的评论明显不同。这说明闵子辛尚没有把公子牙脸谱化，评论者结合当事人在具体历史情境中该何去何从进行判断。

其四，依据已有材料，做章法上的排定。刘向《战国策序》言，在中秘之中《事语》和若干门类文献共存，《事语》一定有着自己的独特之处，窃以为体现在用途与章法的排定上。[1] 以"事"为线索，以"语"为主要内容。为了引出人物评论，必定立足于某种具体的历史情境，要交代事件的梗概；"语"为针对具体历史情境的、处于重头戏位置的箴言；如果主人公违反"语"势必有败亡的结局。这样的安排才使得《春秋事语》呈现出今天的面貌。

---

[1] 缪文远：《战国策新校注》，巴蜀书社，1987年，第1页。正如刘向所说，中秘文献本名，就有《国策》《国事》《短长》《事语》《长书》《修书》等多种。中秘这些文献到底指什么，今天很难弄清。但这些文献的不同却可理解为两方面：一是不同用途，二是不同面貌。后者应包含这些文献的叙事、议论的成分的比例。

以上认识虽然带有种种推论痕迹，但能反映出先秦历史教育文本形成的大体过程。

（四）《春秋事语》与先秦史官制度

战国以前，学在王官，史官有法，王章不紊。在这样的背景下，作为贵族历史教育范本的《春秋事语》自然也与史官制度有着千丝万缕的联系，我们也能从中体会到史官制度对贵族行为的约束作用。

其一，之所以史官能够获得本国的大事记、完成自己的记事笔记，并且能够拥有他国的大事记与史官笔记，是因为当时存在"君举必书"以及"承告""传闻"的制度。这些内容不仅带有实录的性质，反映了古人的历史意识，而且让人们能够获得大量的历史经验，从而对古代贵族行为产生了约束。文献中有"君举必书"的制度，《礼记·玉藻》言："动则左史书之，言则右史书之。"[1]《汉书·艺文志》言："古之王者，世有史官，君举必书"，目的是要让君主"慎言行，昭法式"；

---

[1] 李学勤主编：《礼记正义》，《十三经注疏（标点本）》，北京大学出版社，1999年，第877页。

三、《春秋事语》与历史教育

并且有"左史记言,右史记事"的分工,"事为《春秋》,言为《尚书》,帝王靡不同之"。[1] 姑且不论"左史""右史"职掌的分歧,我们能看出"君举必书"不仅给今天留下了君主行为以及相关事件的宝贵资料,也对古代许多君主的行为产生了约束。从文献上看,不仅周王室"君举必书",各诸侯国君也如此。《左传》庄公二十三年载鲁庄公"如齐观社",曹刿认为违礼,言"君举必书,书而不法,后嗣何观?"[2]《国语·鲁语上》载,哀姜至,鲁庄公"使大夫、宗妇觌用币"。宗人夏父展认为不合制度("非故"):"君作而顺则故之,逆则亦书其逆也。臣从有司,惧逆之书于后也,故不敢不告。"[3] 这说明像鲁国这样礼文备物的大国之君,同样有"君举必书"的制度,史官记录君主行为以及相关事件,法度缜密;《左传》这样的鸿篇巨制就是以鲁国史官笔记为基础,而近年公布的郭店简《鲁穆公问子思》、上博简《鲁邦大旱》、《曹沫之陈》等若干鲁国君臣问答

---

[1] 〔汉〕班固:《汉书·艺文志》,中华书局,1964年,第1715页。

[2] 李学勤主编:《春秋左传正义》,《十三经注疏(标点本)》,北京大学出版社,1999年,第276页。

[3] 徐元诰撰,王树民、沈长云点校:《国语集解》,中华书局,2002年,第147页。

之书，也应该与鲁国史官有着密切的关系。[1]

所谓"承告"，见于前文所引《左传》隐公十一年杜注，是指别国史官以官方正式途径前来通报其国发生的大事，诉诸书法严谨的书面文字。其中"承"谓顺承，"告"或称"赴"，杜预《春秋经传集解序》孔颖达正义云：

> 文十四年传曰"崩薨不赴，祸福不告"，然则邻国相命，凶事谓之赴，他事谓之告，对文则别，散文则通。[2]

即各国发生大事件，需要通报到同盟邻国，有明确的"赴""告"行为，各国的信息并不闭塞；伴随使臣来"赴""告"的一定有史官，于是邻国不仅能看到他国官方途径的大事记，也能接触他国史官个人的记事笔记。《春秋经传集解序》言："《周礼》有史官，掌

---

[1] 王青：《上博简〈曹沫之陈〉疏证与研究》，北京师范大学出版社，2017年，第335页。
[2] 李学勤主编：《春秋左传正义》，《十三经注疏（标点本）》，北京大学出版社，1999年，第7页。

邦国四方之事，达四方之志。诸侯亦各有国史。"孔颖达正义云："《周礼·春官·小史职》曰：'掌邦国之志。'《内史职》曰：'凡四方之事书,内史读之。'《外史职》曰：'掌四方之志，掌达书名于四方。''掌邦国四方之事'者，据此承受他国之赴也；'达四方之志'者，据已国有事赴告他国也。……盖天子则内史主之，外史佐之，诸侯盖亦不异。"[1] 姑且不论内外史分工如何，如果说周代王室和诸侯国内部，存在"承受他国之赴"与"据已国有事赴告他国"的不同职掌的史官，所传述的既有大事记又有史官个人笔记，应该没有什么问题。最典型的例子，就是《左传》文公十五年中，宋华耦来盟，鲁文公与之宴，华耦辞曰："君之先臣督，得罪于宋殇公，名在诸侯之策。"襄公二十年中，卫宁惠子疾，召悼子曰："吾得罪于君，悔而无及也。名藏在诸侯之策，曰：'孙林父、宁殖出其君。'"[2] 所谓"诸侯之策"，应是和《春秋》经文例差不多的"策"书（和《春秋》经

---

[1] 李学勤主编：《春秋左传正义》，《十三经注疏（标点本）》，北京大学出版社，1999年，第6—7页。

[2] 李学勤主编：《春秋左传正义》，《十三经注疏（标点本）》，北京大学出版社，1999年，第556页。

相比，微言大义的侧重点应有不同，代表了不同史官的价值观），大凡列国间的大事，通过"承告"策书都应该记载；与此同时，他国史官也会带来相应的"简"书，前文所言《晋献公欲袭虢章》《晋献公欲得隋会章》即此。

所谓"传闻"谓史官听说、未亲眼得见、人们口耳相传的内容。这些内容在长期口头传述的过程中，会有一定的走样；甚至传授者会出于主观目的抹杀或者增添某些内容，也会使得事件情节张冠李戴。《公羊传》在隐公元年、桓公二年、哀公十四年言"所见异辞，所闻异辞，所传闻异辞"，这就说明作者已经看到了同一事件不同传闻的巨大差别。清人孔广森对此诠释："所闻者，己之所逮闻也。至于祖之所逮闻，而父受之祖、己受之父，则所传闻也。"[1]但是在资料缺乏的条件下，捕捉"传闻"是退而求其次的办法，也是史官的任务。

如《春秋事语》中当事人的对话，除史官记录之外，有不少内容应该是传述者依据情理的想象。如《韩

---

[1] 〔清〕孔广森：《春秋公羊通义》哀公十四年，《皇清经解》第4册卷690，上海书店出版社，1982年。

三、《春秋事语》与历史教育

魏章》中，水淹晋阳之后智赫[1]对智伯的规箴之语，不大可能被史官听到，毕竟智伯之举还达不到"必书"的程度；但说当时智伯家臣之中，有人对智伯穷兵黩武行为有不同看法，认为智伯此举是逞能冒险，应该是顺理成章的。《晋献公欲得隋会章》中，魏州余召随会回晋，并与随会一起谋划诛杀晓朝，其中评论者某"吏"某对魏州余、随会二人的图谋予以分析，并且预言"二子畏其后事，必谋危之"，即晓朝必死。这样的内容是否可信？如果说，当时秦国有人看出了魏州余、随会二人的计划，也应当是情理之中。按《左传》文公六年、七年等记载，晋襄公病逝，赵盾欲立公子雍，派遣随会、先蔑往秦迎立新君；但赵盾因穆嬴之故背之立太子夷皋，后反攻秦军，随会、先蔑皆愤而仕秦，受秦康公重用，才有赵盾以魏寿余（《春秋事语》作魏州余）以计赚取随会归晋。既然随会因赵盾在立君问题上反复而投奔秦，就有很大赌气的成分在，进而秦国臣子对随会对秦的忠诚度有怀疑，自然可以理解。故某"吏"某的上述分析，应很大程度反映了当

---

[1] "赫"前一字，郭永秉先生说即"智"，可从。则"赫"很可能就是智伯的族人。

时的社会舆论。说"吏"的言论是传述者事后依据情理补充,应是合理的推测。[1]《鲁文公卒章》中,东门襄仲诱杀惠伯之前,有公襄负人对惠伯进行规劝的情节。如果真有公襄负人规劝惠伯的事,也应当是极其私密的;惠伯一死,定无人知晓。由此可见,这两章中规劝的话应是传述者的补记。清人崔述曾言,《国语》"乃战国之人取春秋之事而拟其语言者"[2],情况与此相仿。信以传信,疑以传疑,"传闻"至少代表某一时间段某个特定群体的认同。这些内容也一定程度上保证了历史记载的完整性,使贵族能够从较为体系化的叙事中获得历史经验。

其二,之所以史官能够获得"语",和春秋时期史书"示于朝"的制度相关,这表明先秦史官并不是把典册束之高阁,而是公之于众,这样对当世君臣能够产生震慑力。《左传》宣公二年,赵穿杀晋灵公于桃园,"大史书曰:'赵盾弑其君。'以示于朝。宣子曰:'不

---

[1] 如果说,这些内容是随会回到晋国以后,晋国史官依据随会的亲身经历记录,并且补充某些情节而成,则也可说得通,但毕竟情节过于离奇。

[2] 〔清〕崔述:《崔东壁遗书·经传禘祀通考》,中华书局,1983年,第507页。

三、《春秋事语》与历史教育

然。'对曰:'子为正卿,亡不越竟,反不讨贼,非子而谁?'宣子曰:'乌呼,我之怀矣,自诒伊戚,其我之谓矣!'"[1]这里,《左传》明确指出史官记录之后"以示于朝",允许赵盾与史官辩驳,说明当时史官制度在贵族范围内有开放性。再如,《史记·齐世家》中齐太史秉笔直书崔杼弑君,崔杼得知而杀之,"其弟复书,崔杼复杀之";"少弟复书,崔杼乃舍之"[2]。按照后代的史官制度,即便帝王,也无权过问起居注,而齐太史之册,崔杼何以知之?这说明,当时的史书同样是"示于朝",并非秘而不宣。清代学者刘文淇针对"以示于朝"进行诠释:

  《北史·柳虬传》:"虬以史官密书善恶,未足惩劝,乃上疏曰:'古者人君立史官,非但记事而已,盖所为鉴诫也。动则左史书之,言则右史书之,彰善瘅恶,以树风声。故南史抗节,表崔

---

[1] 李学勤主编:《春秋左传正义》,《十三经注疏(标点本)》,北京大学出版社,1999年,第598页。
[2] 〔汉〕司马迁:《史记·齐世家》,中华书局标点本,中华书局,1959年,第1502页。

杵之罪；董狐书法，明赵盾之怨。是知执笔于朝，其来久矣。……'"此说盖"示诸朝"之义。[1]

柳虬看到了先秦史官的监督功能，在于"鉴诫"，左史、右史的意义在于"彰善瘅恶，以树风声"，这与汉魏以后的史学风格非常不同。徐中舒先生曾指出，《春秋》书法"必须有广大的舆论支持，形成一种社会制裁力量然后才能起预期的作用。《春秋》书赵盾、崔杼弑君之罪，原是晋、齐太史的笔法，有晋、齐两国舆论的支持，因此，鲁太史才同意晋、齐太史的书法而转录于《春秋》中。同例，《竹书纪年》有许多书法与《春秋》同，也是魏国史官审知当时舆论无异词而加以转录于纪年中。若说孔子作春秋仅取已往的历史陈迹加以笔削，这样的'死后是非'又有什么用处呢？"[2]徐先生此论，很符合春秋时期的实际情况。不

---

[1] 〔清〕刘文淇：《春秋左氏传旧注疏证》，科学出版社，1959年，第626—627页。

[2] 徐中舒编著：《〈左传〉的作者及其成书年代》，《中国史学名著选·左传选》后序，中华书局，1964年。但徐中舒先生又谓，《左传》昭公二年晋侯使韩宣子来聘，"观书于大史氏，见《易》《象》与《鲁春秋》，曰：'周礼尽在鲁矣。吾乃今知周公之德，与周之所以王也'"，可知《春秋》为未曾公布的文献，孔子不能修。徐先生以此说《春秋》

三、《春秋事语》与历史教育

难发现，不仅史官的那些"审知当时舆论无异词"的大事记"示于朝"，而且人们对它的种种舆论也写在了史书中。如史官不仅把赵盾弑君的记载公之于众，还允许赵盾辩护，其辩护词与史官的反驳都被如实记录。赵盾、崔杼弑君的秘闻都如此，可推知平常事件更如此。

那么《春秋事语》中进行评论的人物，就很值得玩味。如"子赣（贡）""宫之柯（奇）""右【宰】【穀】""其（燕大夫）弟子车""士匽""士说""医宁""闵子辛"，身份非常广泛，囊括孔门弟子、君主亲族近臣、"士"甚至"医"，关注的话题涉及内政、外交、战争一系列时事，他们设身处地从道义与现实利害关系出发，对执政者的行为展开评析，如同君主身边"尽规""补察"之近臣亲戚、"乡校"中"议执政之善否"的民众。这些史官记录的经典言论，未必为当事人实际所说，但应是那个时代富有代表性的观点。

其三，之所以"语"能流传下来，和先秦时期的

未曾公布，不确。这与先秦史官"示于朝"的制度矛盾，且韩宣子在鲁见《春秋》，如同《左传》襄公二十九年吴季札来鲁观周乐一样，说明鲁国史官制度缜密，有条不紊，和《春秋》未曾公布无涉。不然，韩宣子照样看到《易》《象》，我们岂能说《易》《象》未曾公布？

"讽诵"制度相关,这使得人们无论有没有条件进行记录,都可以长时期保留历史记忆,发挥规箴训诲作用。有学者指出,春秋战国时古史流传约有三条途径:一是博学之人的言谈口说,二是诸子的托古之风,三是按事件或主题对古史传说加以述作改编的作品。[1] 就《春秋事语》而言,第一个途径较后二者更为重要,虽然这一途径有传述者很大的阐发空间,但它可以代代传承,毕竟是古史情节梗概得以存留下来的关键形式。《周礼·春官·大司乐》:"以乐语教国子:兴、道、讽、诵、言、语",郑注:"倍文曰讽,以声节之曰诵。"[2] 先秦史官相当一个时期传播信息依靠的途径之一,就是熟记背诵、口耳相传。"史不失书,矇不失诵"(《国语·楚语上》)[3],文字记载与口传心授相辅相成。《国语·周语上》言"公卿至于列士献诗,瞽献曲,史献书,师箴,瞍赋,矇诵,百工谏,庶人传语",各级贵族针对王

---

[1] 王坤鹏:《从竹书〈金縢〉看战国时期的古史述作》,《史学月刊》2017年第3期。

[2] 李学勤主编:《周礼注疏》,《十三经注疏(标点本)》,北京大学出版社,1999年,第575页。

[3] 徐元诰撰,王树民、沈长云点校:《国语集解》,中华书局,2002年,第501页。

三、《春秋事语》与历史教育

者的政令发表自己的看法,相当程度上靠的是口耳相传;上古"结绳记事"的传统,如果没有一代一代的口传心授,人们对它的解读也无从谈起。像《左传》昭公十二年中说左史倚相"能读《三坟》《五典》《八索》《九丘》"[1],所谓"能读",也包含了熟记背诵。后代伏胜、东方朔等人有惊人的记忆力,也的确有着久远的历史传统。《春秋事语》中引人注目的评论文字,一定程度上说就是口传心授的产物。比如《鲁桓公少章》《伯有章》与《鲁庄公有疾章》都有插入性的闵子辛的评论,它们带有预言特性。鲁桓公被杀于鲁桓公十一年,公元前712年;鲁庄公在位32年,卒于公元前662年;伯有被杀于羊肆,见《左传》襄公三十年,即公元前543年。三个年代跨度100多年,很显然,闵子辛不可能活这么长。况且,《鲁桓公少章》中隐公身后的君位安排是极其私密的信息,闵子辛是如何听得?闵子辛的评论也有合理性,最好的解释就是《春秋事语》作者在陈年旧事中穿插的假托之语。但是,比较可能的是,当时贵族之中,就有对隐公、伯有、公子侑这

---

[1] 李学勤主编:《春秋左传正义》,《十三经注疏(标点本)》,北京大学出版社,1999年,第1306页。

些当事人的微词。"君举必书"在当时是存在的,但下层贵族乃至平民者,怕是没有这样的条件。所以传述者择其要者,进行一代代的"讽诵"甚至是改编,使得这些"语"流传了下来,保存在《春秋事语》中。

经过以上讨论,我们能给出《春秋事语》的大体写定年代,其内容终结于韩赵魏三家灭智氏的斗争,此其上限;整个文本都在倡导守"礼",则又不大可能晚到各国兼并剧烈、周代史官制度瓦解的战国中期。专家指出,战国前期鲁人左氏所作的纪事本末体史事汇编,是《左传》的原貌[1];《左传》参考了《春秋事语》或者其同"源"文献。那么《春秋事语》就应该在三家灭智氏之后的100年内完成。

《春秋事语》的教育价值很大。作为"策"书的《春秋》经以片言只语著称,隐去了古史的丰富信息;但古史的丰富内容并没有被完全遗忘,有不少内容还是经过史官口述。到了战国时期,随着社会结构的变迁,人们对于历史认知的渴求不再满足于枯燥简单的记载,而是有了比较强烈的了解丰富历史的欲望,于

---

[1] 王和:《〈左传〉的成书年代与编纂过程》,《中国史研究》2003年第4期。

三、《春秋事语》与历史教育

是丰富的古史内容便从口述史转化为文本,这使得古史变得丰满和有趣。[1]《春秋事语》就是这个转化过程中的"简"书,不仅它本身对贵族起到教化作用,而且它的许多情节和思想被《左传》采纳;"语"的因素由于失去了时代背景于是被淡化,进而为鸿篇巨制《左传》的出现做出了重要铺垫,发挥了《春秋》经传不可取代的教化作用。

---

[1] 晁福林:《从上博简〈武王践阼〉看战国时期的古史编撰》,《史学理论研究》2011 年第 1 期。

参考文献

[1] 李学勤主编:《春秋左传正义》,《十三经注疏(标点本)》,北京大学出版社,1999年。

[2] 李学勤主编:《礼记正义》,《十三经注疏(标点本)》,北京大学出版社,1999年。

[3] 李学勤主编:《周礼注疏》,《十三经注疏(标点本)》,北京大学出版社,1999年。

[4] 李学勤主编:《孟子正义》,《十三经注疏(标点本)》,北京大学出版社,1999年。

[5] 杨伯峻编著:《春秋左传注》,中华书局,1995年。

[6] 徐元诰撰,王树民、沈长云点校:《国语集解》,中华书局,2002年。

[7] 〔汉〕司马迁:《史记》,中华书局标点本,中华书局,1959年。

[8]〔汉〕班固:《汉书》,中华书局,1964年。

[9] 赵芝荃:《河南偃师"滑县"考古调查简报》,《考古》1964年第1期。

[10] 中国社会科学院考古研究所编著:《殷墟妇好墓》,文物出版社,1980年。

[11] 陕西省考古研究所、宝鸡市考古队:《陕西省宝鸡市峪泉周墓》,《考古与文物》2000年第5期。

[12] 中国社会科学院考古研究所编著:《中国考古学·两周卷》,中国社会科学出版社,2004年。

[13] 〔宋〕魏了翁:《春秋左传要义》卷首,文渊阁四库全书本,上海古籍出版社,1987年。

[14] 〔清〕顾炎武著,〔清〕黄汝成集释:《日知录集释》,上海古籍出版社,2006年。

[15] 〔清〕章学诚撰,叶瑛校注:《文史通义校注》,中华书局,2014年。

[16] 〔清〕毛奇龄:《春秋毛氏传》卷8,文渊阁四库全书本,上海古籍出版社,1987年。

[17] 〔清〕孔广森:《春秋公羊通义》,上海书店出版社,1982年。

[18] 〔清〕刘文淇:《春秋左氏传旧注疏证》,科学出

版社，1959年。

[19] 〔德〕恩格斯:《家庭、私有制和国家的起源》，人民出版社，1999年。

[20] 〔英〕弗雷泽著，徐育新、汪培基、张泽石译:《金枝》，新世纪出版社，2006年。

[21] 晁福林:《天命与彝伦——先秦社会思想探研》，北京师范大学出版社，2012年。

[22] 晁福林:《先秦社会思想研究》，商务印书馆，2007年。

[23] 晁福林:《先秦社会形态研究》，北京师范大学出版社，2003年。

[24] 陈全方:《周原与周文化》，上海人民出版社，1988年。

[25] 陈星灿、刘莉等:《中国文明腹地的社会复杂化进程——伊洛河地区的聚落形态研究》，《考古学报》2003年第2期。

[26] 郭永秉:《〈春秋事语〉(一至四章)新释文与注释》，《湖南省博物馆馆刊》2013年第10辑。

[27] 李学勤:《帛书〈春秋事语〉与〈左传〉的传流》，《古籍整理研究学刊》1989年第4期。

[28] 刘伟:《马王堆帛书〈春秋事语〉性质论略》,《古代文明》2010年第2期。

[29] 罗根泽:《罗根泽说诸子》,上海古籍出版社,2001年。

[30] 吕思勉:《先秦学术概论》,岳麓书社,2010年。

[31] 马王堆汉墓帛书整理小组编:《马王堆汉墓帛书(叁)》,文物出版社,1983年。

[32] 缪文远:《战国策新校注》,巴蜀书社,1987年。

[33] 钱穆:《国学概论》,商务印书馆,2002年。

[34] 裘锡圭、唐兰等:《座谈长沙马王堆汉墓帛书》,《文物》1974年第9期。

[35] 沈长云:《上古史探研》,中华书局,2002年。

[36] 童书业:《春秋左传研究》,中华书局,2006年。

[37] 王和:《〈左传〉材料来源考》,《中国史研究》1993年第2期。

[38] 王坤鹏:《从竹书〈金縢〉看战国时期的古史述作》,《史学月刊》2017年第3期。

[39] 王青:《上博简〈曹沫之陈〉疏证与研究》,北京师范大学出版社,2017年。

[40] 徐志钧校注:《帛书老子校注》,学林出版社,

2002年。

[41] 徐中舒编注:《中国史学名著选·左传选》,中华书局,1964年。

[42] 俞志慧:《语:一种古老的文类——以言类之语为例》,《文史哲》2007年第1期。

[43] 张文立、林沄:《黑豆嘴类型青铜器中的西来因素》,《考古》2004年第5期。

[44] 张政烺:《〈春秋事语〉解题》,《文物》1977年第1期。

[45] 赵光贤:《古史考辨》,北京师范大学出版社,1987年。

[46] 赵世超:《瓦缶集》,人民出版社,2003年。